「カラ売り」の実践

【出動と利喰いのポイント】

三木　彰　著

同友館

はじめに

株で勝てない、どうしても上手くいかないという人には「カラ売り」が必要です。「カラ売り」を覚え上達すると株式投資だけでなく株式市場そのものが全く違ったものに見えてきます。〝なんでそんな高いところで買うのだろう。よせばいいのに〟と今までの自分のしてきたことも忘れ他人の心配をするようになるものです。そして「アァ、また証券会社の営業がいつものように活躍しているな」と冷静な判断もできるようになります。

「カラ売り」を知った人は異口同音に〝もっと早くやればよかった〟といっています。「買い」の難しさに比べると「カラ売り」はうまくいきだすと入れ喰い状態で連戦連勝が可能です。正しい技術を覚えれば買いより断然やさしいからです。「カラ売り」は「買い」のように何倍もの大儲けはできませんが、しっかり技術を磨くと勝率が高い分、相場を楽しめること受け合いです。ところが、中には「買い」でやられたから今度は「カラ売り」でリベンジ（復讐）だと一発大勝負をかける方がいますがこれはいけません。有利とはいえ「カラ売り」もまた相場との闘いであり、一歩間違えれば大きな損失を被りかねません。

本書は「カラ売り」についての最高レベルのノウハウと定石を実践に即して紹介していま

す。それらは本邦で初公開のものも多く含まれています。もちろん読んで理解したからといってすぐ「カラ売り」が上手くいくというわけにはいきませんが、これまでの株式投資についての常識が一変するはずです。

前著『カラ売り入門』と本書を重ねてよく理解し、加えて実践をひとつひとつ積み重ねていけば、一年後には間違いなく賢明で強い投資家になっているはずです。

ぜひご精読下さい。

二〇〇〇年九月

三木　彰

カラ売りの実践＝目次

はじめに

序　章　「カラ売り」の必要性の再認識

第1章　実践的「カラ売り」の基礎知識

目　次

第2章 誰がやっても勝てる時期の一番天井「カラ売り」成功例

第3章　逃げるが勝ちの逆調「カラ売り」

目　次

第4章 「カラ売り」の投資技術が要求された事例

第7章　その他の「カラ売り」の注意点

序章 「カラ売り」の必要性の再認識

やっぱり「カラ売り」を知らなきゃ損をする

２０００年４～５月に日本の株式市場は日経平均で５０００円近い大暴落を演じました。驚いたことにその直後から私の経営する会社への入会申し込みが殺到しています。その折に皆さんが口々におっしゃったことは「やっぱりカラ売りを知っておきたい」でした。ほとんどの方は買い中心の株式投資の方々ばかりですが、年初からの株式市場の上昇ムードに引きづられて買いすぎ、この暴落で手酷い目に遭ったのです。

そして異口同音におっしゃるのは「もうよくわからなくなった。なんでＩＴ関連株がこんなに下がるのか、自分の理解を超えている、証券会社の誘いに乗ってＩＴ関連株や投信を買い、結局は大損をしてしまった。これからは信頼できる専門家に相談しながらやりたい。とくに「カラ売り」については前から知りたいと考えていたので、これを機会にぜひ教えてくれ」という主旨のことでした。

私は１９９９年７月に前著『カラ売り入門』（同友館）を出版した際に、せいぜい５０００部売れればという当初の予想が狂い、１年で１０００００部を超える売れ行きとなり、「カラ売り」を知りたい人がこんなにいるのかと驚きました。さらに読者からの反応も凄まじく、連日電話やFAXが鳴り、対応に追われたことを思い出しました。

こうした事実は「どうも自分たちがやっている株式投資がおかしい、何かが間違っている」、そうした漠然とした思いを持つ投資家が増えていることを示し、その疑問に一つの回答を与えたのがこの「カラ売り」という投資技術であったと確信しています。

相場（株価）が上がってくると買いだと声高に叫ぶ証券会社。投信設定があるから底値は堅いといつも高値をひたすら買わせるその営業体質。暴落で大きな痛手を抱える投資家を尻目に証券各社は未曾有の好決算です。やっぱり「カラ売り」を知っておこうというのは投資家にとっての当然の自己防衛手段ではないでしょうか。

「カラ売り」はこわいからやめたほうがいいという証券会社の言い分がありますが、現実には「株の高値買いほどこわいものはない」と訂正すべきであり、加えて下降局面にある株の「押し目買い」もまた負けず劣らずに恐ろしいものであることを認識しなければなりません。

図表1をご覧下さい。1999年から2000年2月にかけて急上昇した銘柄の4～5カ月後の株価です。なんというひどい数字でしょう。これが新聞・TV・金融専門誌がこぞって勧めた銘柄の現実です。それはまさに悪夢としかいいようがなく、買う時には50％アップ、いや倍になるかもしれないと思った投資家にとって、これほどの株価下落を誰が予測できた

図表１　2000年初頭　お勧め銘柄のその後の株価

コード	銘柄	2000年高値（円）		その後の安値（円）		下落率（%）
9984	ソフトバンク	2/15	198000	7/25	10250	▲85%
				＊4/25　3分割		
9435	光通信	2/15	241000	7/7	3600	▲98.5%
9715	トランスコスモス	2/22	56000	5/24	11400	▲80%
6758	ソニー	3/1	33900	5/24	9260	▲46%
				＊3/28　2分割		
9432	NTT	1/4	1820	5/22	1180	▲36%
9437	NTTドコモ	2/28	4570	5/24	2590	▲43%
9613	NTTデータ	1/4	2440	5/24	870	▲65%

でしょう。そしてその後に続いた超高値からの下げ過程で安くなったと感じる「高値覚え」による押し目買いで、再び投資家は大きくやられることになったのです。

こうした悲劇が過去から幾度となく繰り返されるのは私たちが行っている、いや、やらされている株式投資というものに何か決定的な間違いがあるからに他なりません。この間違いの源をしっかりと把握し、これを正さない限り、私たちは継続して株式投資に勝っていくことは絶対にできないのです。

さあ、「カラ売り」を覚えて新しい株式投資をはじめましょう。

「カラ売り」は間違った高値買いをターゲットにする

株式投資とは間違いだらけのゲームといっても過言ではありません。

「株を買いたいと思ったら気をつけろ」というのは株式投資の定石です。銘柄やチャートの研究をする前に「株を買いたくなること」そのものが、すでに私たちを相場という大きなリスクの中に引きずり込んでいるのです。

どうして私たちは株を買いたくなるのか、それはどんなときなのか、それが問題なのです。

実は私たちが株を買いたくなるのは株価が大きく上がったからなのであり、その間に他の多くの誰かが株式投資で大きく儲けたことを知ってからなのです。株式市場が不振で株価が下がっている時には、私たちは株を買いたいとは思いません。株で儲けたいと思っても、そうした時には儲けるどころか損をする確率が高いと考えているからです。やがて株価が少しずつ上昇をはじめても、ただ眺めているだけです。さらに株価が上昇し、誰の目にも明らかに株価が伸びてきた時にはじめてこれは本物かなと思います。しかし、私たちはまだ様子を見ていて、自分は依然として金を出そうとはしないものです。やがて新聞・TV・専門雑誌などで株の特集が乱れ咲き、証券会社からの買え買えコールがはじまります。

私たちは株は危険なものと知っており、そのリスクに対してかなりの不安があり、大切な資金を投入するためには、不安が払拭されて「もう大丈夫」という買いを勇気づける確証が欲しいのです。そのないものねだりの要求が「株価の上昇と他人の大儲け」によって裏付けられたと錯覚するところに、株式投資にとって宿命的かつ大きな間違いが起きるのです。錯覚の裏付けは、今度は早く買わなければという焦りを呼び、今買えば少なくとも2割・3割、うまくいけば倍にというようにグングン伸びる株価上昇の加速度につられて、資金投入を開始していくことになります。

こうして「買いたいと思った時」そのものが、すでに決定的な間違いである「高値追従買い」の域に達しているのです。

儲けたいが、損はしたくない、安心して大きく儲けたい、この矛盾した心理そのものが負けるためといったほうがよい株式投資を実践させていくことになるのです。そして「カラ売り」はまさにこの間違った株式投資の代表格である「高値追従買い」のピークをターゲットにして行うものなのです。

「カラ売り」の意外な効用

株式投資の間違いの代表である「高値で株を買いたくなるリスク」を防ぐのに一番効果的なのは「カラ売り」を覚えることです。先ほども述べたように「カラ売り」は高値追従の買いがピークに達したときに絶好の売り建てのタイミングとなります。

市場において、株価がグングン上昇し、それにつれてマーケット全体が熱気につつまれると、私たち投資家の気持ちが買い一色に染められていきます。そして一斉に買い出動し、株価がピークアウト（天井をつける）ポイントを捉え、そこからの下げで儲けるために「カラ売り」を狙うわけですから、まさにマーケットの心理と相反するきわめてクールで客観的な立場をとることになります。

前著『カラ売り入門』で述べたように、「カラ売り」には3つの戦略があります。

一番天井「カラ売り」

二番天井「カラ売り」

下り坂「カラ売り」

の3つですが、それらは各々天井圏における買われすぎや、失望売りを相場段階に応じてターゲットにしています。

2000年春の暴落において、やっぱり「カラ売り」が必要だとあらためて実感した投資家が多かったのですが、実は「カラ売り」にはやってみないとわからないもう一つの効用があるのです。

「カラ売り」の効用のもう一つは資金の温存という株式投資にとって実に重要な問題になります。多くの投資家が大きな損失をする原因になるのが資金投入法の間違いです。

一般に投資家は相場のはじまりにのってうまく儲かり資金が拡大すると、増えた資金をさらに次の銘柄へと注ぎ込むものです。それがうまくいくとさらにというように、相場の上昇すなわちそれはリスクの拡大に沿って資金が増加していくのです。ひどいときは持株を担保にして信用取引で目一杯買ったりもします。

やがて天井を迎え、相場は前述のように急落することになります。相場の魔力と証券会社の営業攻勢によって、投資家はそこまでに資金量を目一杯に拡大させていることがほとんどであり、ここでの損失は予想外に大きく、これまでの利益など一気に喪失させていくことになります。

先ほどから述べているように、「カラ売り」の効用はつねに天井圏で行うものですから、前記のような間違った買いは絶対に起きなくなります。「カラ売り」のノウハウをしっかりと身に付けると、上昇の過程においては買いで儲け、その後は「カラ売り」で下げを狙い、結局、相場の流れにそって、そのはじまりから終わりに至るプロセスにうまく対応できることになります。

そして拡大し温存された資金を再び新しい上昇相場に投入できることになります。

買い一辺倒の株式投資ではいつも最後に大きくやられ、新しい上昇相場のはじまりには資金がなくなっていたり、あっても塩漬け株を抱えて指をくわえて見ているしかないというのがお決まりの結果です。

その意味で相場の流れを知り、資金を次のチャンスに温存できる「カラ売り」は株式投資を真剣に上手くやろうとする人にとっては絶対に知っておくべき投資術といえるのです。

「カラ売り」は大儲けを狙ってはいけない

私の経営する会社では「カラ売り」倶楽部というものがあり、「カラ売り」の助言指導をしているのですが、よく入会されるとすぐに待っていましたとばかりに猛然と「カラ売り」をする方がいます。時には1銘柄1万株、3万株などとまるで買いの一発勝負のように。

確かに「カラ売り」は勝率が高く、相場が「カラ売り」に向いている時はそんなやり方をしていてもおもしろいように儲かることもあります。しかし年間を通してこのようなリズムで「カラ売り」をするのは危険で、大負けを喫する可能性があり、絶対に避けなければなりません。

後でそうしたことの具体的な例を述べてまいりますが、「カラ売り」はこれまでの「買い」の損を一気に挽回しようなどと一発勝負で大儲けを狙うようなものではないことをはじめに申し上げておきます。「カラ売り」で本格的に儲けるには上級者になるまでいろいろな相場を経験してじっくりと待つ態度が必要です。

「カラ売り」も相場であり、「買い」と同様に難しく危険なものであり、つねにそのことを認識した基準やルールの中で行わなければなりません。

「カラ売り」の利益はせいぜい最大で50％、ふつう時は10～20％が基本です。チャート図で見る「ここで売り建て、そこで買い戻せばこんなに儲かる」といったことは実際にはできません。それは「買い」で行われている誤ったチャートの使い方であり、いつも結果についての後講釈にすぎないのです。とくに初心者は少ない単位で勉強し、はじめは勝つことよりもトントンぐらいが上出来と考え、実践して下さい。腕前さえ上がれば儲ける機会はいくらでもあるものです。

また、カラ売りは高値で売り建てるので資金力が大きくなったような錯覚に陥ることが多く、資金管理が甘くなります。次章で述べる資金配分も含めて、この点はしっかりと理解する必要があります。

「カラ売り」を覚えてよかった

2000年の5月に入会1年目の方がこう言っていました。

私は「カラ売り」を覚えて本当によかったと思う。自分は資金を2000万円ぐらいでやっている。この資金は退職金の一部を充当したものでもう後がないから、慎重な株式投資をしようと考えて「カラ売り」を覚えた。1年間やってみて「カラ売り」では結局勝てずにほぼトントンで終わった。しかしこの間、自分が買いだけで、これまでのように証券会社主導でやっていたら、おそらく500〜600万円ぐらい損をしたと思っている。自分は実践の買いとは別にこの間買いたいと思った銘柄を全部買ったことにしてシミュレーションしていた。1年やって「カラ売り」もまたむずかしいことがわかったが、この間資金がぜんぜん減らずにそのまま持続されていたことが私にとってどれだけ自信がついたか知れない。自分が買いたくなるときがいかに危険であり、新聞やTVを見て今が最高のチャンスと思えることが実は大変なリスクだということがわかったからだ。そしてその気持ちを抑え、冷静に相場を見ることができたのは「カラ売り」を少しずつやっていたからだと思う「カラ売り」を１０００株単位でもやっていると相場が全く違って見えることには本当に驚いた。

以上がこの方の感想でした。この方が入会されたのはもう相場が高くなっていた99年6月近くであり、私のほうで余り買うなと指示したのです。当初その方はなんでこんなに相場が上がるのに買わないのだ、おかしいと不満だったようです。しかし私のほうでこれが相場というものですと本書に書き述べていることを何度も口にして申し上げたのです。1年経過してこの方はいよいよ「買い」のスタートです。果たしてどんな結果になるか、それは本書の発行の後にわかることです。

これははじめて「カラ売り」をした人の話で、まことに「カラ売り」が効果的に伝わった一例です。しかし逆に入会して3カ月で「カラ売り」で踏み上げられ、集中投資をして大きくやられて撤退した方もおられます。

相場については良いことばかりも書けますが、そんなことはありえません。大損失を被るか、うまく儲けるかの境界は私たち自身の中にその原因があるからです。定石や基準やルールを無視して、一発大儲けしようと勝負に出た時に限ってやられるのが相場のこわいところであり、人間の心の弱さでもあります。

本書は実践の本ですから、それを正確に皆さんに伝える義務があると考えています。ぜひ本書の意図を汲みながら次章以降をお読み下さい。

前著「カラ売り」入門のおさらい

本書は前著「カラ売り入門」の続編として書かれるものですから、本編に入る前に前著で述べた主要ポイントをここでもう一度確認しておきます。

(1) 「カラ売り」は正当な投資技術だ。証券界ではとかく嫌がられ、目の敵にされる「カラ売り」だが、実は信用取引の仕組み上、買いの行き過ぎを防ぐため必要なものとして併設された正当な投資技術である。

(2) 「カラ売り」は信用取引の枠内で行うべきものであり、ターゲットは信用取引の過剰(買われ過ぎ)が主となる。さらに、信用取引の期日6カ月、信用取り組み、逆日歩などに留意する必要がある。

(3)　「カラ売り」は下げに賭けるものであるから、ファンダメンタルズ（経済などの基礎条件）ではなく、あくまで買いの過剰＝天井をターゲットとして、テクニカルに行うものである。

(4)　「カラ売り」は勝率は高いが、利益は小さく、損失は大きい。従って分散とロスカットを励行し、決して一発大儲けなどは考えてはならない。

(5)　「カラ売り」は天井圏で参加する熱狂的な買い方と証券ディーラー（自己売買部門）が相手になる。とくに証券自己売は大きな資金を持ち、「カラ売り」を踏み上げる形で利を狙うことが多いので、充分注意が必要だ。

(6)　「カラ売り」には3つの戦略がある。この中で、二番天井「カラ売り」はテクニカル上の判断がしづらいので難しい。したがって、株価と出来高でとらえやすい一番天井「カラ売り」と下り坂「カラ売り」を併用することが望ましい。

(7)　「カラ売り」の成績は全体相場に大きく影響をうける。相場の生成―成長時期は悪く、成熟―消滅の時期が良くなる。ただし、期間は生成―成長の時期は短く、成熟消滅の期間は圧倒的に長い。

(8)　「カラ売り」では「買い」と異なりナンピンが有効だが、それは上級者にのみ許されるもので、株価と出来高によるポイントもしくは下り坂ポイントでナンピンしなければならない。

(9)　業績の良い株、市場の中心株は「カラ売り」しない。また中値以下の下げている銘柄の追撃ウリも絶対にしないこと。

(10)　「カラ売り」は有効で大切な投資技術だが、それはあくまで「買い」を補完するために用いるべきで、「買い」がやられやすい時期を「カラ売り」で儲けて次に来る「買い」に備えるためのものだ。

以上10項目について再認識いたしましたが、本書は「カラ売り」の実践ですので、こうした点を踏まえて、実際にはどのようにこれらの項目を活かしながら実践していくかについて述べてまいります。

とくに実践においては相場に巻き込まれて、自分の想定しなかったような事態が起きますので、表面的な知識では現実に対応できないことも多く、より掘り下げた実践論にするつもりです。

また、前著『カラ売り入門』をご覧になっていない方は、本書とは併せて読んでいただければより理解も深まると存じます。

「カラ売り」を覚えるなら、一番天井「カラ売り」だ

「カラ売り」には一番天井「カラ売り」、二番天井「カラ売り」、そして下り坂「カラ売り」という3つの戦略があることは『カラ売り入門』において詳しく述べました。

本書は「カラ売り」の実践のために書かれており、年間を通してほとんどの期間において、「カラ売り」をトレーディング「短期の売買で安く買い（高く売り建て）、高く売って儲ける

（安く買い戻す）」することを目的としているため、一番天井「カラ売り」を主題にしています。

一番天井「カラ売り」は「買い」がピークに達したと思えるところで「売り」向かうことになり、危険であることはいうまでもありませんが、逆に短期で儲けるにはこれが一番簡単であるともいえ、いわゆるハイリスク・ハイリターンになります。

他方、二番天井は一番天井と違って、チャート上で後からこれが二番天井と指摘するのはやさしいのですが、現実の相場の中でこれを認識し売り建てるのは予想外にむずかしいものです。

後で詳しく述べるVチャートという出来高と株価から作り出す四角の形状をもとに需給を判断できるテクニカル分析の秘密兵器があれば、二番天井より一番天井「カラ売り」のほうがずっとやさしく効率的になります。もう一つの下り坂「カラ売り」は主に大型株や優良株において用いられますが、その多くが全体相場の下降局面と合致することが多く、仕掛ける時そのものが時間的に限定されるのが難点で年間を通してのトレーディングには不向きとなります。しかしこの「下り坂」は中小型株の一番天井「カラ売り」で落ちずにさらに上昇したとき、10％ロスカットをするか、もしくは次の需給悪化ポイントでナンピン売りをした後、さらに上げるような大きな相場に直面した時に有効です。強い相手のときは決して無理をせず、自然にエネルギーが衰えて、下降局面に入ってから再度売り建ててナンピンをかけるといった戦略的な用い方ができるのです。

後述する相場段階の認識にとっては一番天井「カラ売り」と3番目の下り坂「カラ売り」が重要であり、投資技術の向上にはぜひそのノウハウを手に入れてもらいたいものです。

「カラ売り」の秘密兵器 Vチャート

「カラ売り」もまた相場であり、「買い」よりも確率が高く勝機は多いものの、リスクもあります。しかし、「カラ売り」は「買い」というものが株価下落の後の出来高減少の中から密かに静かに、いつの間にか上昇してくるのに比べ、ターゲットは探しやすいものです。「カラ売り」は天井圏における買いの集中の中にそのターゲットがあり、多くは最大出来高がピークアウトにつながるポイントが狙い目です。

本書の実践例の中に多く用いられる四角い形状のチャートはタテ軸の株価とヨコ軸の出来高によってつくられるヨコ長の大四角を需給の転換点と捉える「カラ売り」の秘密兵器です。詳しくは前著『カラ売り入門』に書いてありますが、もっとも危険な一番天井狙い、あるいはその後のナンピンの基準づくりには欠かすことのできないものです。人間の頭つまり私たちの相場観はつい現在の状況に押し流され、その判断は狂うことのほうがはるかに多いといえます。

その意味でとくに冷静で合理的なスタンスを求められる「カラ売り」には絶対的に必要な武器といえます。

なお私の経営する会社では、このVチャートのノウハウをより広く提供するため「月刊Vチャート研究」という投資技術の本を刊行しています。「カラ売り」はもちろん「買い」も含めて直近の実践例を基に相場研究を行っております。「カラ売り」の技術をマスターしたい方にはうってつけのものですので、ご購読をお勧めいたします。

はじめての「カラ売り」出動の心得

「カラ売り」に慣れていない人もしくは初心者は、まず「カラ売り」を3銘柄ぐらいで小単位（1000株）でやってみることからはじめて下さい。資金の増加と銘柄数の増加は腕が上がり上手になってからにすべきです。そしてシコッたら、まず10％で処分。最初は勝とうなどとは思わず、トントンで上出来と考えて下さい。また上級者になれば、銘柄も増え休みなく売買しても構いませんが、それもあくまで「買い」の補完的なものと考えて慎重にじっくりやることが肝要です。

重要なことは「買い」以上に、「カラ売り」は証券営業を相談相手にすることはタブーです。もともと「カラ売り」を快く思っていないのですから、持ち上げられればそれ見たことかと損切りを勧め、「やっぱり買いですよ」が関の山です。証券会社の営業マンは回転売買のプロであり、相場のことがわかっている営業マンはほんの一握りで、後は市場のコンセンサスに近いところ、つまり賑わっている株を勧めるだけです。だから高値買いや高値から下降中のいわゆる高値覚えの銘柄の押し目買いをさせられことになるわけで、相談相手にはまことに不適格な相手なのです。相場について本当に相談できる人がいないのが株式投資のおもしろいところで、誠におかしな世界です。

また「カラ売り」をはじめると「買い」の過ちをそのまま「カラ売り」に持ち込む方も多いものです。こうしたケースは資金配分の概念がなく、負けるのが嫌だとムリなナンピンをし、さらに担ぎ上げられると今度は意地になって期日一杯の勝負となります。そして負けるほどに熱くなり、なんとか負けを挽回しようと資金や銘柄を増やし、際限なく勝負を拡大し大損をしやすくなります。

本書の中では、この点については折に触れ、その危険を戒めていますが、現実の中では多くの方がその罠にはまっていきます。

相場の世界、それはある意味で投機すなわちバクチです。時の運悪く、負け続けることもあるのですから、そのことをしっかり踏まえた上で「カラ売り」の実践に入って下さい。負けることも当たり前、そして「負ける時はできるだけ小さく」が投資の原則です。

投資格言に「なぜ大損をするのか、それは負けを放置するからだ」とあります。もちろん「カラ売り」は高いところで売っている時は、6カ月の間には下り、トントンもしくは勝てることが多いものです。しかしそれは資金にゆとりがあり、資金配分や銘柄分散をしっかりしている上級者において許されることであり、初心者の方にはやはり10％のロスカットが無難です。

それではいよいよ次章から実践に入ります。

第1章

実践的「カラ売り」の基礎知識

わからない（基準がない）ものには手を出すな
「カラ売り」は強い相手を避け弱きを叩け
「カラ売り」には週足チャートは禁、短期の変動は日足で
指標の見方と使い方
逆日歩への対応
期日迎えは売るな
下り坂「カラ売り」に必要な移動平均の知識

わからない（基準がない）ものには手を出すな

先述したように、ソフトバンクや光通信などが大暴落しました。前者は高値19万8000円から安値1万250円（4月25日、3分割）まで▲78％、後者は高値24万1000円から安値3600円まで▲98・5％となり、とくに光通信にいたっては途中18日間のウリ気配ストップ安を続け、株式市場における史上最悪の事態となりました。

問題はこの後です。この両銘柄については、暴落の後の反騰狙いの押し目買いや、逆に追撃の「カラ売り」を狙う人が多発したのです。大きな相場だったものほど上昇の余韻があり、いわゆる高値覚えといって、あんなに高かったのがこんなに安くなった、ここは押し目買いだと買いたくなります。一方「カラ売り」派の中には安くなるほどに売りたくなる追撃ウリも増えます。光通信などはもう会社がなくなるとまで思い込んでやたら安値を売り建てようとするのです。そこには相場の乱高下を見ていた人間特有の興奮があり、一種の狂気に引きずりこまれている状態です。

確かに相場の大幅下落の後にはそれなりの乱高下があり、見かけ上はうまくやれば取れそうに見えますが、そこは何の基準もない相対価値の世界であり、ストップ安とストップ高が交互に来るようなわけのわからない世界なのです。そんなものに手を出すのは投資や投機でなく、単なる丁半トバクのようなものです。

そしてもし私たちがクールで客観的な相場に巻き込まれない投資家になろうとするなら、前記のようなわけのわからないものには決して手を出さないことです。「わけのわかる」つまり買う基準、売る基準に達したものにしか手を出さない覚悟で行うことが肝要です。もともと株式市場ほどアテにならないところはありません。あれほど多くの専門家（アナリストや評論家）、それも大学教授と呼ばれる人を含めて研究しても、誰一人明日の相場のことすらわからないのですから。

ところが困ったことに彼等は専門家らしき人であり、ほとんどは毎日相場を見ているわけでもなく、その見方も知りません。ほんの少し経済学のスペシャリストである故をもって、どこかの新聞に書いてあるような論理を積み重ねて、もっともらしいコメントを発しているだけです。

新聞やＴＶで彼等の話を見聴きしていると、いったいこの人たちは何を根拠にそんなことをいえるのかと不思議でなりません。もし経済と株とが同一のものなら、これ程多くの投資家が損をするはずがありません。経済と私たちが売買する株とは似て非なるものであり、経済実体と比較して株価はあまりに変動幅が大きく、それはまさに経済どころかバクチの世界に等しいものなのです。もちろん株式を発行している企業は実体経済であり、そこに嘘偽りはないのですが、株価はいつも実体から離れて独り歩きする得体の知れない相対価値の世界にあるのです。

株式市場の周囲で銘柄がどうの、平均株価がどうのと騒いでいる人たちは単なる株式市場のスポークスマンであり、素人投資家を勧誘するためのメッセンジャーボーイのようなものなのです。株式市場の周辺でスペシャリストと称する人は、そのほとんどが市場のコンセンサス（多くの参加者の合意＝相場観）を声高に宣伝するだけの人と考えてよいでしょう。自分でもできないことを、やったことすらないものを、まことしやかに人に勧めるのが仕事です。どうせ先のことはわからないのだから、何をいってもよいのだと、書いたり言ったりしている当の本人が信じていないのですから、恐ろしいことです。

こうして、今日もたくさんの「情報」がまことしやかに株式市場を駆けめぐっているのです。そんな人たちのいうことをまともに聞いて、株式市場に金をつぎ込んだら、お金などいくらあっても足りません。

よく一億円を儲けるなどという本がありますが、それこそ一億円なくすのが簡単なのが株式市場というところです。株式市場は人の金を動かして発行サイドが儲けるところであり、外部の人（投資家）がそこで儲けるのは至難の技なのです。

こんな世界で生き残り勝ち抜くためには、絶対的な基準をつくっておかなければなりません。それは「買い」であろうと「カラ売り」だろうと関係なく、「わからないもの」には手を出さないという絶対基準です。

よりわかりやすくいえば、買っていい基準と売り建ててよい基準をつくることです。もちろん買っていい基準はその銘柄において株価ができうる限り安く、売り建てる基準は株価ができるだけ高いほうがよいに決まっています。

もちろんそれが単に安いとか高いとか主観的なものや、その場限りのものではなく、定石的な経験例の中から策定されることはいうまでもありません。それが唯一私たちがわかるものだからです。

そしてその絶対基準ができた時にこそ、相場との闘いがはじめてフィフティ・フィフティ、つまり対等になるのであり、ここから5分の勝負がはじまるのです。

もし、そうした基準なしに相場に闘いを挑むとき、はなから絶対不利性の中で闘っていると考えなくてはなりません。世界中の相場師が集まって凌ぎを削る株式市場に何の備えもなく、自分の運やカン任せ、あるいは証券営業やアナリスト評論家のいいなりに買うような株式投資では、はなから負けるための闘いをするものと知らなければなりません。

「カラ売り」は強い相手は避け、弱きを叩け

「カラ売り」でかつぎ上げられた時の対処は第5章で詳しく述べますので、ここでは初心者の方を含めた一般的な投資家を対象に注意事項を書きます。

まず巷間いわれる格言の中に「ケンカは自分より強い相手とは決してするな、自分が勝てる状況になるまでじっとガマンせよ」というものがあります。

まさにこの格言は「カラ売り」にピッタリです。「カラ売り」を絶対にしてはいけないのは業績上昇中の銘柄、マーケットの中心テーマの核となる銘柄はそれだけで買いを集めやすく、それも公的資金・機関投資家・投信などといった大きな資金が入ってくる可能性があり、できるだけ避けるほうが無難です。また昨今のようにゼロ金利政策のようなときには、いわゆる過剰流動性の資金が株式市場に入ってきて、短期の利ザヤを狙っており、証券ディーラーと並んで中心銘柄にはドッと流れ込んで株価を押し上げるので要注意です。

とにかく、マーケットはよく見ていると、それが主役か脇役かは割合に見分けやすいもので、たとえば介護といってもパラマウンドベッドといった中心的なものと、連想で無理矢理

介護に入れられるフランスベッドといった具合です。株式市場における買いは日頃は理屈が並んでもっともらしい理由によりますが、株価が上がりはじめると欲と期待が先行し、我先にと利を求めて銘柄探しに躍起となり、次々とテーマに沿った銘柄を引っ張り出してくるものです。

こうしたときには野球でも中心の4番打者を敬遠し、できるだけ力の弱いバッターと勝負するように、「カラ売り」もまた株価が強そうか弱そうかの判定をするのが得策です。

証券会社も中心銘柄は手数料稼ぎにもなるし、できるだけ長い相場にしたがるものですから、勝負が長引いてしまいます。逆に2番手、3番手の連想銘柄はもう上にいかないとなると、サッサと見離されて、後は下降一直線となるものです。

もちろんテーマそのものにも2番手、3番手があるので、ここでもテーマがその時代の中心のときは避けて、そのテーマが調整中で休んでいる間に出てくる場継ぎテーマの、それも2番手、3番手を相手にするのが得策ということです。

よく、マーケットの中心銘柄を意地になってこれでもかこれでもかと売り建てる方がいるのですが、株式市場の主要参加メンバーつまり公的資金、機関投資家、証券会社、投信そして多くの個人投資家、時には外国人も含めてドデカイ資金に闘いを挑むのは絶対に避けるべきです。

とにかく多勢に無勢が「カラ売り」の原則です。相手が強いと思ったらすぐにも退散し、弱い相手のときだけ実践する。それが冷静で合理的な投資というものです。

「カラ売り」には週足チャートは禁、短期の変動は日足で

図表2のチャート図をご覧下さい。説明するまでもなく、これは皆さんご存知の週足チャートであり、1週間単位の動きで構成されるチャート図です。

A点からB点までを眺めていると、いかにも大きな値幅で利益がとれそうに感じますが、「カラ売り」にとっては大きな錯覚であり、この週足チャートは間違った常識を植え付ける元になります。

もともと日本の株式投資は中長期の買い一辺倒を主体として投資家を勧誘してきました。これは株式市場そのものが産業界の資金調達を目的としているところですから、発行サイドから見れば至極当たり前のことであり、その意味においては証券会社の行動はすこぶる正しかったわけです。そして短期の売買は邪道だ、畜生売買だといって、塩漬けにされてきたのが実情です。もちろん「カラ売り」なんぞは「邪」の字が3つも4つも付くぐらい邪道扱い

図表２　週足チャートと日足チャートの比較

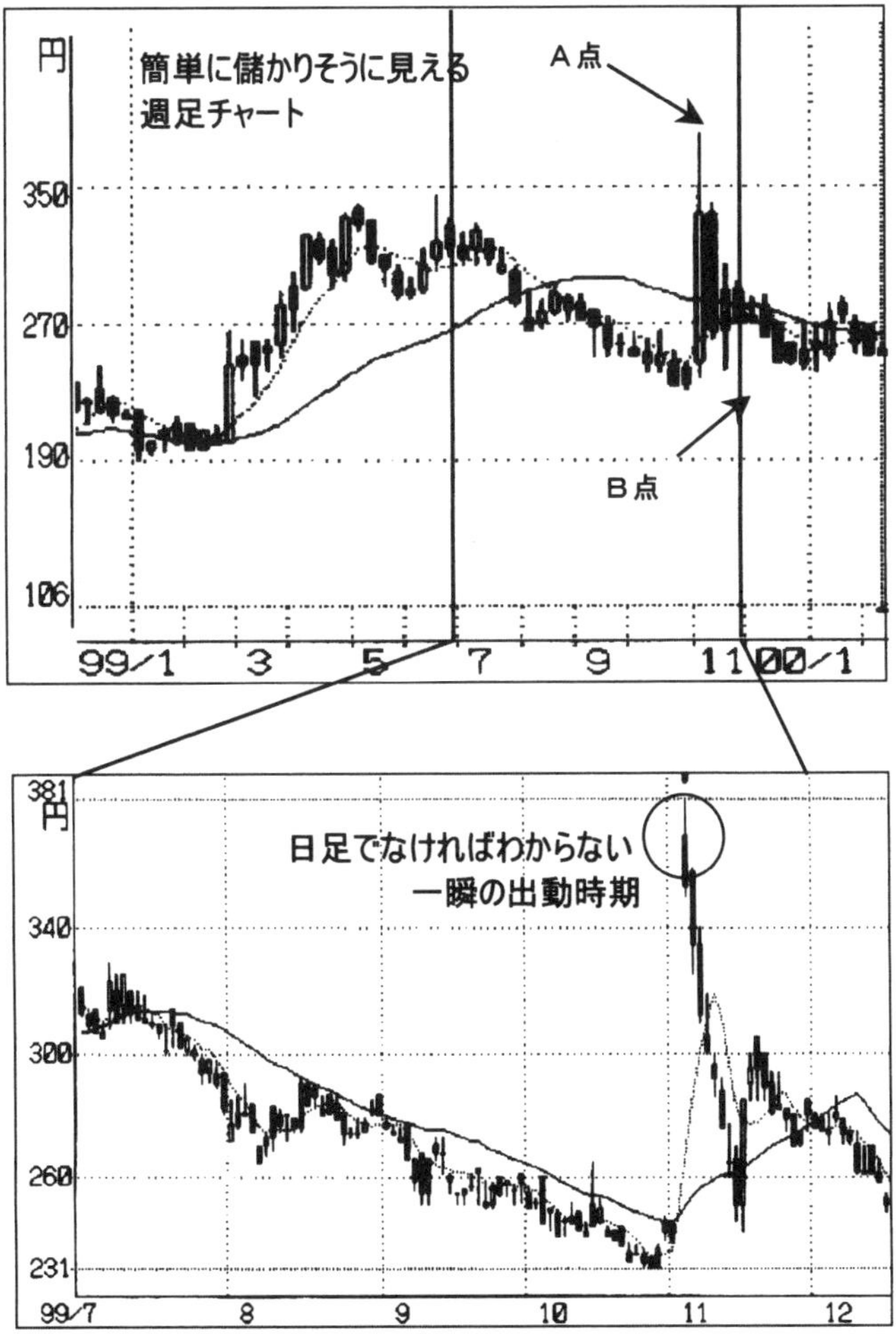

されてきたことは言うまでもありません。

ここで「中長期こそ株式投資」という金科玉条をさらに強化したのが週足チャートです。これは一週間単位で相場を見るわけですから、大きな相場の動きを見て日々の動きは無視することになります。

株は買って持っていれば、いつか必ず花が咲くのだから途中の下げはひたすら我慢と忍耐で凌ぐ――といいながら、現実には1割でも上がろうものなら、利喰い千人力で「さあ、次の銘柄を買いましょう」という話です。こうして資金の回転を増やしながら市場から資金を引き出させないのが証券界の役割であり、そのために週足チャートをばらまいては株を保有させつづけてきたのです。

週足チャートは株価をファンダメンタルズとして見させるために有効な手段です。「株は経済である」という論理は一見、整合性があるように思いますが、経済の基礎的条件は実際には株価の日々の動きとは離れて、ゆっくりと変化していくものです。

ファンダメンタルズ派の神様みたいな米国の投資家バフェット氏は実際にはチャートなど使いません。彼は株価の不確実性をプラスして丸取りを狙っており、自分で決定したバリュー（価値）の算定に基づいて株を買い、その後は簡単には売らないので、売買トレーディングのツールとしてのチャートは不要なわけです。

これこそファンダメンタルズに基づく本来の長期保有であり、途中で「ちょっと利喰い」などとは決して考えないからこそ大きく儲けることができるのです。

「カラ売り」はファンダメンタルズ、つまり会社の実際の業績や悪材料を探して行うものではありません。カラ売りの基本はあくまでも天井圏における「買いの過剰」、つまり買われすぎの結果発生する失望売り、投売りを狙うものです。

したがって、短期的に生じる買われすぎの是正がカラ売りの利益の源泉です。とくにカラ売りの場合は信用の買いによる投機的な買いの過剰がターゲットとなるわけですから、その激しい動きは日々の中にあり、週足ではとても捉えることはできません。一番天井「カラ売り」などは一週間で20％程度の利喰いができることもしばしばですから、週足を書く頃にはもう相場は終わっていることになります。

「カラ売り」では日足をベースにして出動・利喰い・撤退を考えるべきであり、カラ売りの期限は最長6カ月とはいうものの、現実には早いもので1週間、長くても2～3カ月で勝敗を決し、カラ売りの持っている特性である勝率の高さをベースとした資金回転で、効率のよい売買をするのが得策です。

指標の見方と使い方

「カラ売り」を売り建てる前に必ずチェックする指標に信用の買い残や売り残及びその比率があります。

前書『カラ売り入門』においても「カラ売り」をする場合、毎週木曜日の朝刊で発表される信用取引の三市場残で公表される（買い残÷売り残＝市場平均倍率）を参考にし、売り建て銘柄の倍率がその市場平均を上回っていることを条件にしております。また買い残が多いものほど過熱し株価も大きく下がりやすいので、「カラ売り」に適しているとも書きました。よくこうした指標や条件を拡大理解し、たとえば市場平均倍率が高いものや買い残が多いものを「カラ売り」すればよいと考える人が多いものです。それは参考にするべき指標、つまり出動するについて障害となるべき問題があるかどうかをチェックすることだけに限定すべきものを、出動するか否かの指標・条件にしてしまうという大いなる誤解であり間違いです。

「カラ売り」倶楽部で出した「Vチャートカラ売り銘柄」にそうした事例がありました。

東急電鉄（9005）
3月12日　大引値478円　出来高2290万株
直近3市場残　売り残84万株　買い残258万株（3・07倍）
3市場信用倍率（6・2）

この時、ある会員の方から平均倍率が6・2倍で東急は3・07倍となっており危険ではないかとの質問があったのです。確かに売り残と買い残の比較をすれば指標としての数値では出動は見合わせるべきです。

さてここでこの売り残、買い残の比較はなんのために行うかを思い出してください。

それは「カラ売り」が増えてくると、踏みあげ（売り方の損失覚悟の買戻し）られる危険が出てくるのです。「カラ売り」が多い銘柄を意図的に買い上げ、あわてた売り方の買い戻しを急がせることを狙う投機筋もいるからです。

したがって、信用買い残のチェックとはそうした踏みあげの危険を防ぐためのものであり、いくら倍率が条件に合わなくても、絶対的な量が少なければ少しもこわくないのです。

事例では「カラ売り」銘柄として出てきた日の出来高が2290万株もあり、信用の売り残はたったの84万株に過ぎないので、この「カラ売り」残が踏み上げのターゲットになる心配は余りしなくてよいわけです。

もちろん出動した後に「カラ売り」が増えてくるケースもありますが、それはその時点の状況に応じて判断すべきことです。

また同じように信用の買い残がやたら多いから「カラ売り」の対象にするということも同様に間違いであり、それは「カラ売り」には有利な条件に過ぎないのであり、出動するための条件にはなりえないのです。

このように株式投資においては指標が一人歩きすることが多いので、自分自身の中に正しい判断基準を持つことが強く求められます。

逆日歩への対処

逆日歩は「カラ売り」にとって絶対的なマイナス要因ですから、本来逆日歩がついたものを売り建てるのは得策ではありません。とくに二番天井「カラ売り」や下り坂「カラ売り」を狙うときには、比較的に時間も長く、出来高も細ってくるため、「カラ売り」が増えると株不足――逆日歩が拡大する恐れがあり、手を出さないようにすべきです。

すべて相場の世界は「買い」にしろ「カラ売り」にしろ、勝つか負けるかはやってみないと判らないわけですから、はじめにマイナス要素が確定的にあり、さらに時間が長引けばリスクが拡大する可能性があれば、誰が考えても止めるべきといえます。

一方、一番天井「カラ売り」については逆日歩が小単位であったり、株価が低位でなく、株数も多くなければ、あえて売り建てしてもよいでしょう。

その最大理由は2つあります。1つは一番天井「カラ売り」は短期勝負であることです。早ければ1日で10％以上のケースも多く、1週間で20％超えの利益が出ることもあるので、多少の逆日歩があっても、あえてリスクを取れるのです。

もう1つの理由は一番天井「カラ売り」の出動がVチャートで見てわかるように、株価の急騰に伴い増加する出来高が極大化し、株価の上昇に急ブレーキがかかる時点に行われるためです。すなわち一番天井では、それまでの「カラ売り」が株価急騰で踏み上げられ減少し、一方で買いの急増で信用の買いも急拡大し、併せて逆日歩が解消される動きとなりやすいのです。

出動時点で発表されている信用残は毎週木曜日にまとめて発表されているものですから、一番天井「カラ売り」を仕掛けるときに多少の逆日歩があっても、前述の理由で売り建て可となるわけです。もちろんこの後「カラ売り」が増えてくるのは当然です。二番天井や下り坂辺りにいくまでに信用の買いも減る傾向にあるので、再び逆日歩のリスクが高まっていくことになります。

次に3月末に向けて多くの銘柄に逆日歩がつくことがあります。これは期末を控えて手持株の利益確定やヘッジ(防衛策)のためのつなぎ「カラ売り」です。「つなぎ売り」は持株を同数「カラ売り」するのが原則ですから、かなりのカラ売り量となります。こうしたつなぎ売りをする売買主体はほとんどが機関投資家や事業法人ですから、その保有料は膨大なものであり、相当に流動性の高い銀行株などにも逆日歩がつくことになります。

このようなケースは仕手株に見られるような極端な踏み上げなどのリスクは小さいので、

時として無視をしてよいでしょう。

なお、出動後にカラ売り増、信用買い増で戦線が長引き、時に円単位の逆日歩がつくことがあります。そんなケースは元々10%~20%ぐらいの比較的小さな利益をとりにいく性格の取引である「カラ売り」ですから、その時点でプラスであってもマイナスであっても、直ちに撤退するのがセオリーです。下手に長引いて逆日歩支払いとキャピタルロス（株価損失）で大敗する愚は絶対に避けなければなりません。

「期日迎え」は売るな!!

野村証券を筆頭に大手証券会社を中心として、古いパターンの営業戦略が復活しています。それは大口顧客を優先に顧客数を増加させながら、同時に預かり資産を拡大させようとする営業方針です。

こうした営業戦略の一つに「期日迎え」があります。これは大きな相場があった銘柄について、その信用取引の6カ月目の期限が近づくときに株価を上げ、高値の信用買いで傷ついた顧客の損失を軽減し、できれば現引き（信用取引を清算して、現物株に置き換える）させて、預かり資産とし、さらに売買を拡大させようとするものです。

本来、信用取引による買いは1カ月以内の決済が望ましく、長くて2カ月が定石です。しかし、投資家の多くは勝つと早目に利喰うのですが、やられるとじっと塩漬けにして回復を待つ大変悪い癖があります。そのため放っておくと6カ月目には期日がきて大きく損失が確定することになり、それは投資家にとっても証券会社にも痛手となります。

そこで昔からその救済のため、期日の3週間ぐらい前からテコ入れを行い、ガックリきていた投資家を再びヤル気にさせるのがこの期日迎えです。そのことはまたやられても持っていれば損をしない、そしてさすが大証券会社だと信頼を高めることになります。

長期の上昇の時はこの営業戦略は大変有効に働くものです。今の日本の株式市場は10年にも及ぶ大下落相場の後だけに、しばらくは上昇トレンドの中にいると思われるのでこういった営業方針の復活は顧客獲得に役立ちます。

さて前置きが長くなりましたが、こうした銘柄の安値追撃ウリはタブーです。「カラ売り」に慣れて知識も増えてくると、期日が近づいた銘柄で信用買い残が減らない銘柄の期日処分売りによる株価下落を狙う人が出てきます。

実は「期日迎え」はそうした「カラ売り」を利用して行われるのです。信用取引の手口について、三市場残などは1週間に1回の発表ですが、証券会社にはその日毎の信用買いや「カラ売り」が集計されています。つまりどのぐらいカラ売りが増えているかなど一目瞭然にわかるのです。

「期日迎え」はこうした「カラ売り」を踏み上げることで、その買戻しの力を利用して顧客を助けていくわけです。したがって、期日接近のものは信用買い残が多いからなどといって、うかつに手を出すと、飛んで火にいる夏の虫になりかねないのです。

平均株価の上昇に伴う株式市場の活性化はこうした大手証券会社の営業戦略の復活を具現していきます。バブル崩壊の過程で体力を喪っていた証券界は自由に使える大量の「投信」を手にすることで、こうした期日迎えも仕掛けやすくなっています。「カラ売り」派は充分ご注意下さい。

下り坂「カラ売り」に必要な移動平均線の知識

予想外に強い相手に出会ったとき、そんな相手と6カ月間も闘い続けることは精神的にも資金効率的にも多大な損失と考えなければなりません。

もちろん屈強な相手がいつ崩れるかは誰もわかりませんが、少なくとも買われすぎたものは上昇が止まれば失望の売りで下がるわけです。もし持ち上げられたまま闘うのであれば、それは6カ月の内に下がらなければ負けになります。しかし、いったんロスカットして相手の弱るのを待ってそこから再度売り建てれば、その間の嫌な時間を避けることができると同時に、ロスカット時点から次の売り建てまでの時間が6カ月にプラスされるので、最大で11～12カ月の期間を利用できることになります。

「カラ売り」の第三の戦略、下り坂の「カラ売り」は通常は大型株に用いられる手法です。それはじっくりと時間をかける戦略であり、場合によって数年に1回しかチャンスがないので、本書では割愛していますが、どうしても屈強な相手を倒したい、借りは返すのだという攻撃的な方は闘いを一時中断して、この下り坂の「カラ売り」戦略を利用するべきです。

この下り坂「カラ売り」の出動ポイントは本書で述べる一番天井を認識する株価と出来高ではなく、株価の移動平均によって捉えることができます。

移動平均線とはテクニカル分析で大変重要視される分析法であり、相場の中に起きている日々の株価や出来高の変動を平準化し、将来を予測しようとするものです。移動平均は過去の平均をとりますが、6日、25日、75日など考え方によって様々であり、6日移動平均とは6日間の平均、25日移動平均とは25日分の平均になります。

この平均は新しい1日が増えると、前の1日が減るというように連続していて、これを線で結んだものが移動平均線になります。

私のところでは移動平均は6日（短期）と26日（中期）を用いており、日々の株価の動きではわからない傾向線をとらえています。

この移動平均を下り坂「カラ売り」に用いるのは、図表3のように移動平均が下降になったときです。

この移動平均は株価というものが上げ始めるか下げ始めると、しばらくその傾向が続くという慣性の法則のようなものがあるというところから利用される分析手法です。つまりそれはトレンド分析でもあり、将来のことがわからないからこそ、ある傾向が続く間はそれに従うというトレンドフォローの考え方の基礎になるわけです。

この移動平均は決定的なものではありません。しかし日々の株価の上げ下げに翻弄される人間の相場観に比べるとはるかに正確に株価の傾向を示してくれるので、株式投資の決断をするときの参考や基準になります。

さて「カラ売り」の売り建ては株価が急騰した後で行われるのであり、もしその「カラ売り」がさらに踏み上げられ上昇するということは、当然に移動平均線が上昇を続けるはずです。このとき私どもでは26日の移動平均線を用いますが、こうしたゆっくりした移動平均がマイナスに転じるにはかなりの時間を要することになります。

図表３　移動平均線がマイナスになる下り坂ポイント

5213　東芝セラミック

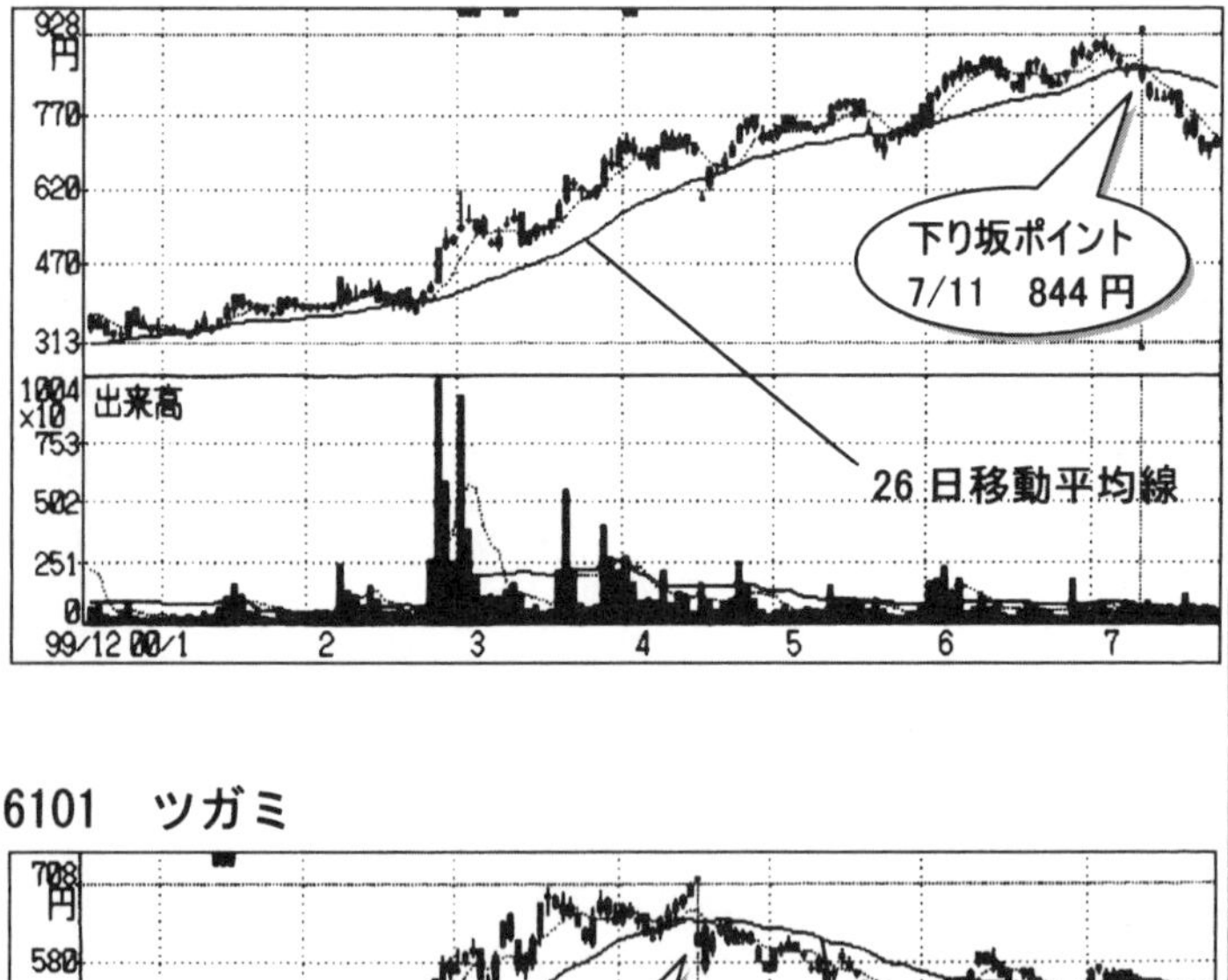

6101　ツガミ

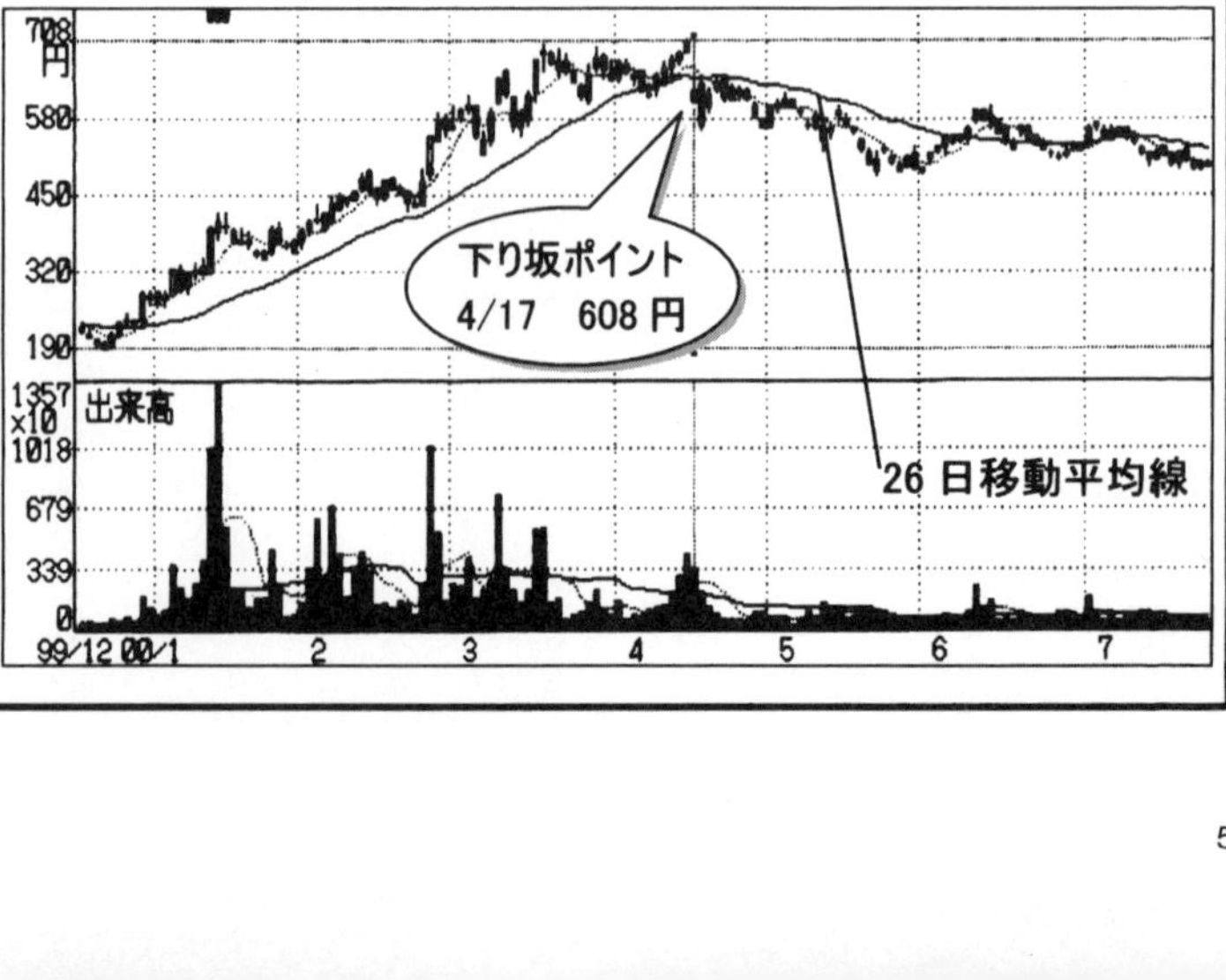

屈強な相手であればあるほど、この期間は長くなりますが、それでこそロスカットをしてこの下り坂を待つことの意義があるわけです。

もちろんこの方式はもっとも株価の高いところではなく、そこからかなり落ちたポイントになりますが、当初の売り建てポイントから見れば、まだまだ売り甲斐のあるポイントです。

おもしろいことに屈強に思えた銘柄の多くも一度下がりはじめると、嘘のように急降下し、思わぬ大勝になります。それだけ買いの過剰がタップリたまっているからでしょう。またこの株価の崩落が全体相場の下落と重なる時は一層の効果があります。

「カラ売り」は無理をしない、強い相手には逆らわない、この定石を理解するためにはぜひこの手法をマスターして下さい。

第2章
誰がやっても勝てる時期の一番
天井「カラ売り」成功例

Vチャートで出動後、楽々大勝した10例

Vチャートで出動後、楽々大勝した10例

一番天井「カラ売り」のターゲットになるのはいわゆる材料株か仕手株といわれるものです。何らかの噂や材料が宣伝され買い人気が高まると、短期の値幅稼ぎの投機資金が一斉に流入し、株価は急騰します。この急上昇は多数の買い手に対し、売り手は極少数であることから、需給にアンバランスが生じるためにおきるものです。

しかし株価の上昇につれ、次第に換金売りが増え、同時に短期投機資金の利喰いも増え、急激に出来高が増えることになります。やがて株価の騰勢にかげりが見え、売り圧力の増加による急落で天井をつけたと判断すると、株価の騰勢につられて買っていた投資家たちを残し、短期の投機資金は一目散に逃げ出し、新規資金の流入は激減し株価は急降下することになります。こうした株価の急騰―天井―急落のプロセスは私たちの目や耳ではとらえることはできませんが、その推移を株価と出来高でつくる四角い形状の変化で見せてくれるのがVチャートに他なりません。

これから見ていただく「誰がやっても勝てる10例」は短期の投機資金の流入によって一気

に天井をつけた株価が反転、見放されて急降下したものばかりです。

この事例のように一番天井「カラ売り」はタイミングが合った時は、実におもしろく簡単でまさに「カラ売り」の醍醐味を味わうことができます。出動後はほとんどリスクを感じることもなく、また保合う（もちあう）こともなく、「カラ売り」にありがちな嫌な思いなど一つもなく下げ続け、20～30％の利益を手に入れることができるのです。

事例10個は1999年夏の終わりから2000年春にかけて、私の経営する会社で行っている「カラ売り」倶楽部での成功10例であり、実際にVチャートの「カラ売り」シグナルの翌日に出動したものです。

ご存知のようにこの事例の出動時はすべて1999年秋から2000年春までのIT関連の値嵩株の一極集中相場の時期であり、ソフトバンク・光通信・NTTドコモなどが連日大賑わいとなり、2000年2月のIT銘柄のバブル演出の足掛けとなった時期です。

証券ディーラー（自己売買部門）や個人などの短期投機資金が確実に儲かるIT関連の値嵩銘柄に多く流れ込み、中低位の仕手・材料株には余り流れ込まなかったため、「カラ売り」は相手を間違えなければ、誰がやっても勝てる状態が続いたのです。こんなときのVチャートは最高の能力を発揮してくれるものです。まさに入れ喰い状態となり、本来絶対に励行すべき10％ロスカットを無視しても、結局は大勝するという結果になっています。

一番天井カラ売り■成功事例 1

1ヶ月で24%、カラ売り楽勝実践例

7956　ピジョン

●出動シグナル	99/9/14	終値 1899円
●出動日	99/9/16	売値 1910円
●信用倍率	128:727＝	5.07倍
●最安値及び下落率		440円 24%

このピジョンは次の事例のフランスベッドと並んで「カラ売り」の成果が上がり始めるトップを切った銘柄だ。

ＩＴ関連の狭間の調整期に何かないかと引っ張り出されたのが介護関連である。買われた直後にＮＴＴの第５次政府放出株に絡んだＩＴ通信関連株相場に巻き込まれ、為す術もなく急降下していった。

ご覧のようにカラ売りシグナルが出た9月14日のヨコ長四角（黒塗り）の翌日に出動。１日だけ値を保った後、見事に急落し、約１ヵ月後の10月18日安値１４４０円をつけている。

当時は介護関連として〈中長期投資の優良株〉と盛んに喧伝されていたが、短期投機資金がＩＴ関連に向かった結果、ご覧の通りの有様となった。

7956　ピジョン

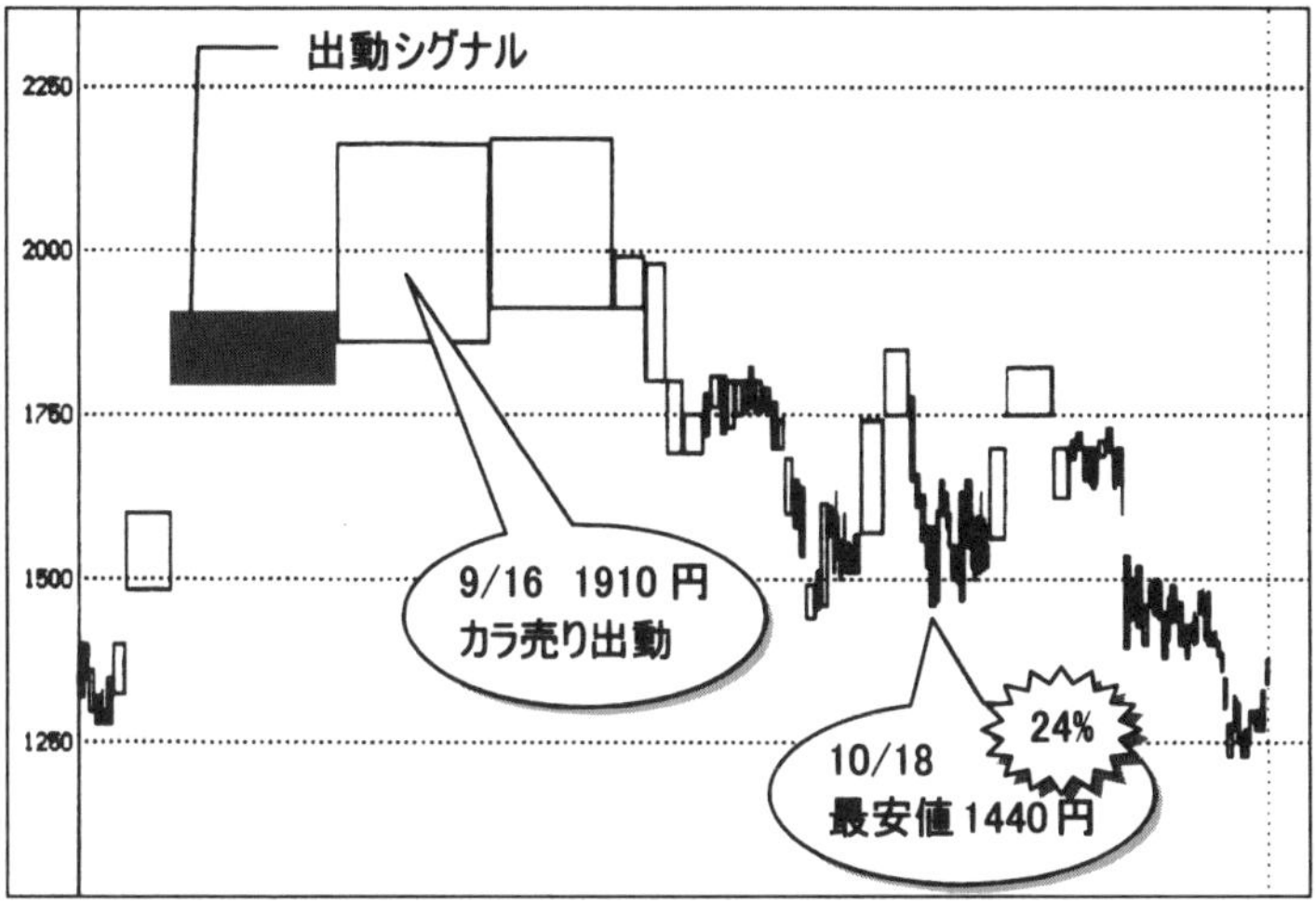
出動シグナル
2250
2000
1750
1500
1250
9/16 1910円
カラ売り出動
10/18
最安値1440円
24%

9/17
2170
2250
2000
1750
1500
1250
2/16
1230
1000
750
500
250

一番天井カラ売り■成功事例 2

二番手銘柄　3ヶ月で50%の大勝ち実践例

7977　フランスベッド

●出動シグナル	99/9/16	終値 867 円
●出動日	99/9/17	売値 867 円
●信用倍率	129:1169＝ 9.0 倍	
●最安値及び下落率		470 円 46%

フランベッドはこのとき、介護関連の中心パラマウントベッドに引きずられる形で買い上げられた、いわゆる連想二番煎じの銘柄であった。こうした二番手、三番手銘柄の場合、業績的裏づけがないと、買い上げられた後の下げは往々にしてきつくなる。

次頁のチャート図でもわかるように窓を開けて上げた後ストップ高、そしてヨコ長の大四角出現と、わずか3日間で50％以上急騰。そしてカラ売り出動日となった9月17日に897円の高値をつけてから12月29日までほぼ一直線に下げ続ける大急降下となった。

こうした買い方の高値飛び乗り買いによる失敗を見ていると、買いの10％のロスカットは絶対に必要だということが改めて確認される事例ともなっている。

もちろん「カラ売り」は楽勝だった。

7977　フランスベッド

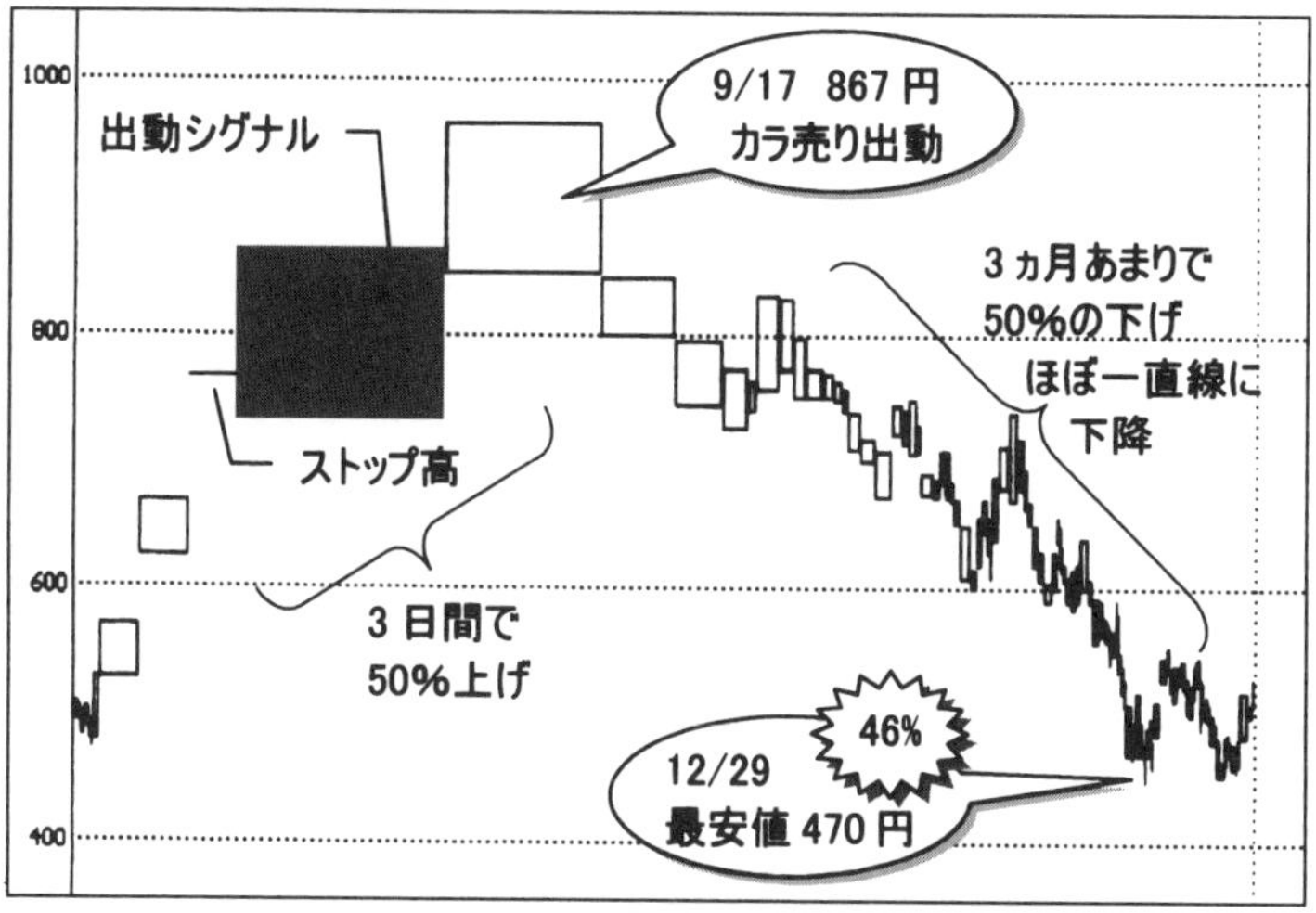

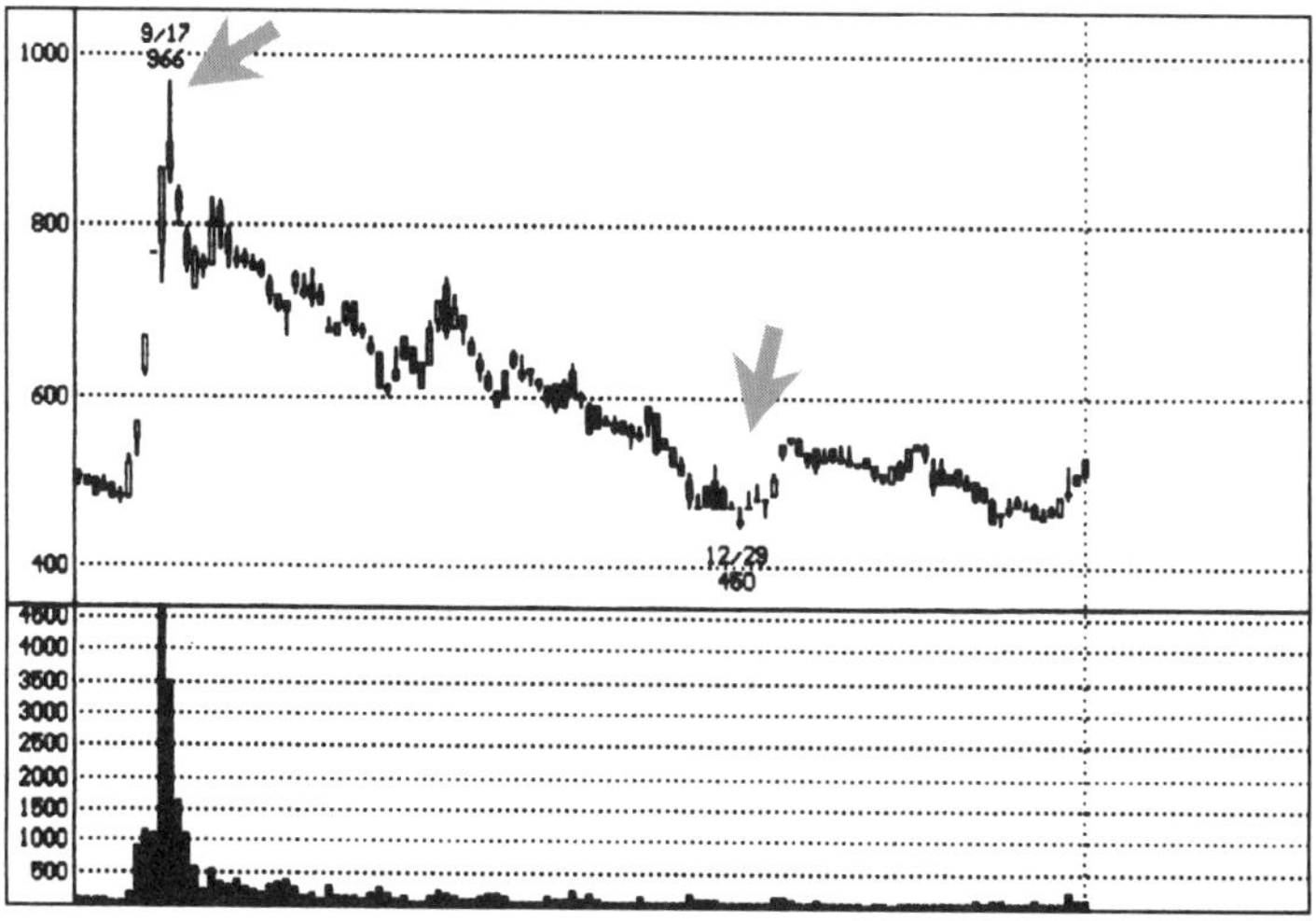

一番天井カラ売り■成功事例 3

ツボにはまって6ヶ月勝負、大勝利実践例

8175　ベスト電器

●出動シグナル　99/9/17　終値 1335円
●出動日　99/9/20　売値 1330円
●信用倍率　48:464＝ 9.7倍
●最安値及び下落率　740円 45%

この銘柄は「カラ売り」のツボにぴったりはまったケースで、あとは時間との勝負となり、結果としては珍しく期日一杯（6ヶ月間）まで勝負ができた事例だ。いつもこんな動きをしてくれたら「カラ売り」はより一層楽しいのだが、そうはいかないのが現実である。

チャート図を見てみるとカラ売りシグナルが出た9月17日だけが突出して高く、大きな資金がその日大量買いをしたとしか思えないトンガリ帽子のような形になっている。業績もよく、6月中旬から上昇して40〜50％上げたところから高原状態が続いていたが、9月17日に突然20％近く買われ、その後はマーケットの主流からは遠く、ジリ貧から急降下となった。まさにVチャートでしか捉えることのできない一番天井の「カラ売り」である。

8175　ベスト電器

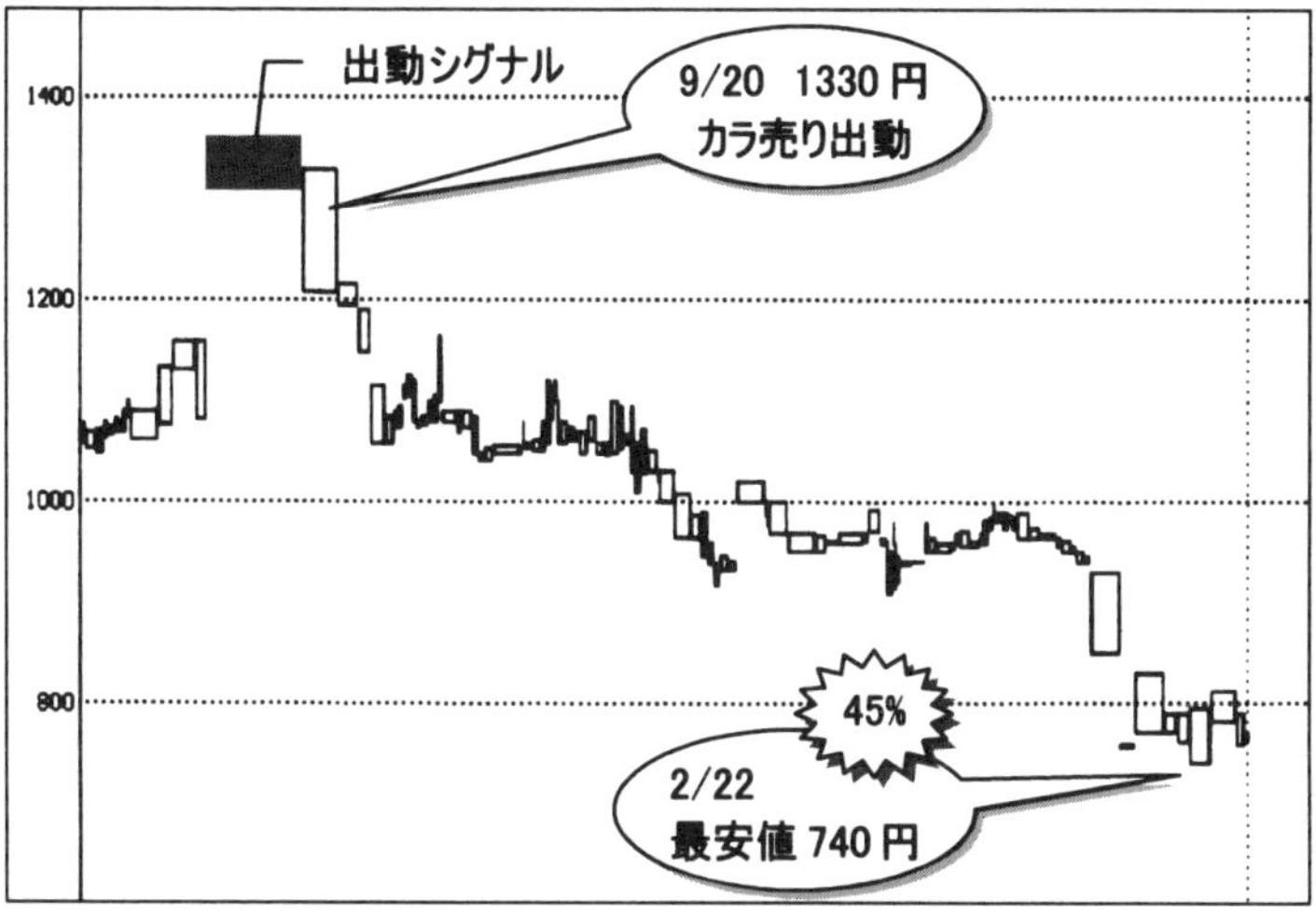
出動シグナル
9/20 1330円
カラ売り出動
45%
2/22
最安値 740円
1400
1200
1000
800

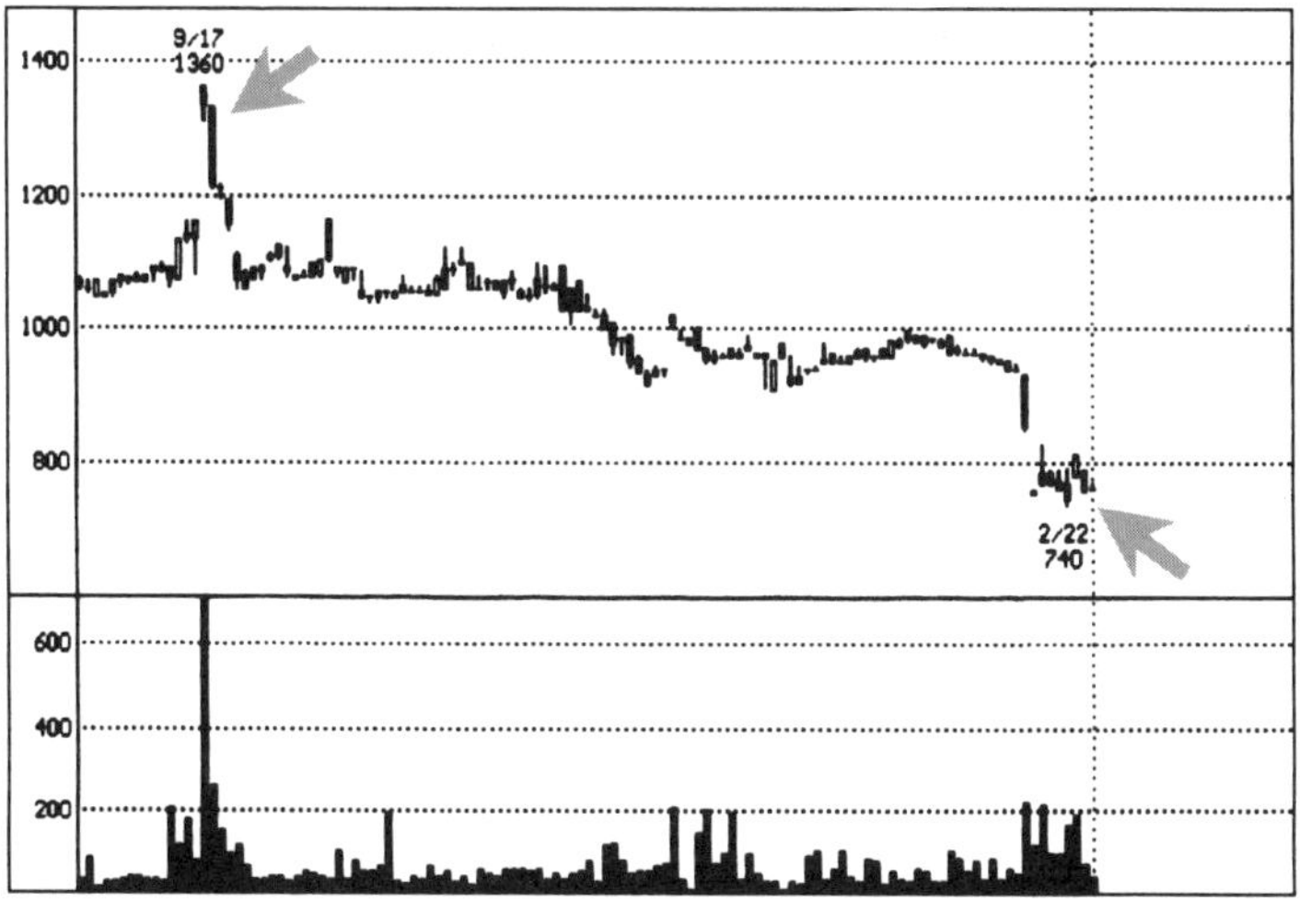
9/17
1360
2/22
740
1400
1200
1000
800
600
400
200

一番天井カラ売り■成功事例 4

出動直後から下げつづけ、アレヨアレヨの楽勝実践例

4506 大日本製薬

●出動シグナル	99/10/1	終値 823 円
●出動日	99/10/4	売値 829 円
●信用倍率	323:4254＝ 13.2 倍	
●最安値及び下落率		548 円 34%

この銘柄も「ある日、突然に」であった。チャート図でヨコ長の大きな四角が出る直前の2日間を見てみると、窓を開けて上がり翌日にはストップ高、そしてヨコ長の大きな四角が出現（＝カラ売りシグナル）である。しかし翌日からは出来高は一気に細っている。

これは「カラ売り」にとって大変有利なことだ。つまり1日でエネルギーを使い果たしている証拠であり、翌日からはほぼ一貫して下げつづけている。そして約3ヶ月後の1月4日には最安値548円をつけ、34％の大幅下落となった。

この銘柄の不運はNTT関連、あるいはソフトバンクなどのIT関連への一極集中相場に巻き込まれて資金の流れが逆調となり、まさに悲劇的な結果となった。その後この銘柄は翌年夏にかけて大相場となり1200円まで買われることになる。

4506　大日本製薬

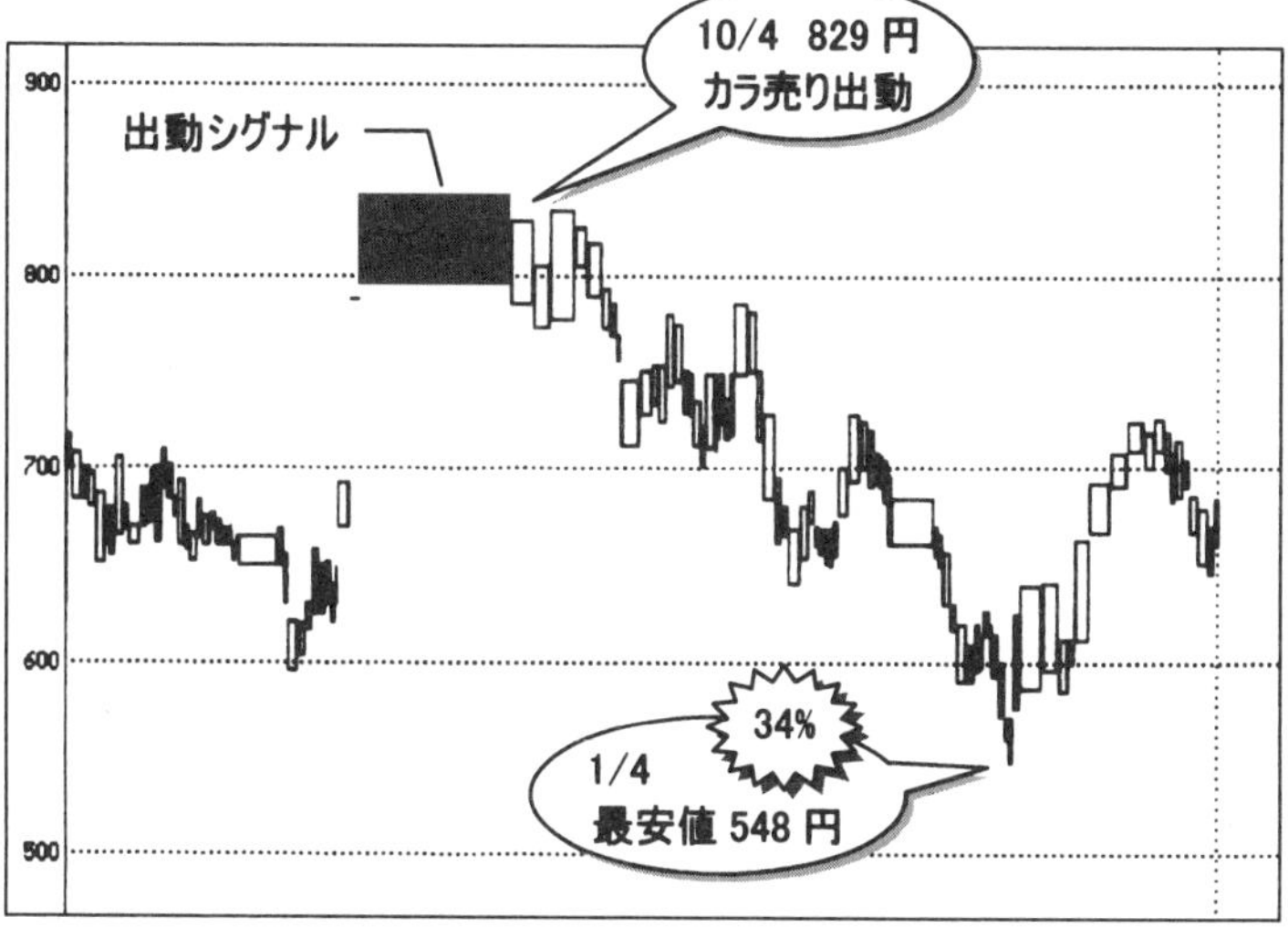
10/4　829円
カラ売り出動
出動シグナル
34%
1/4
最安値 548 円
900
800
700
600
500

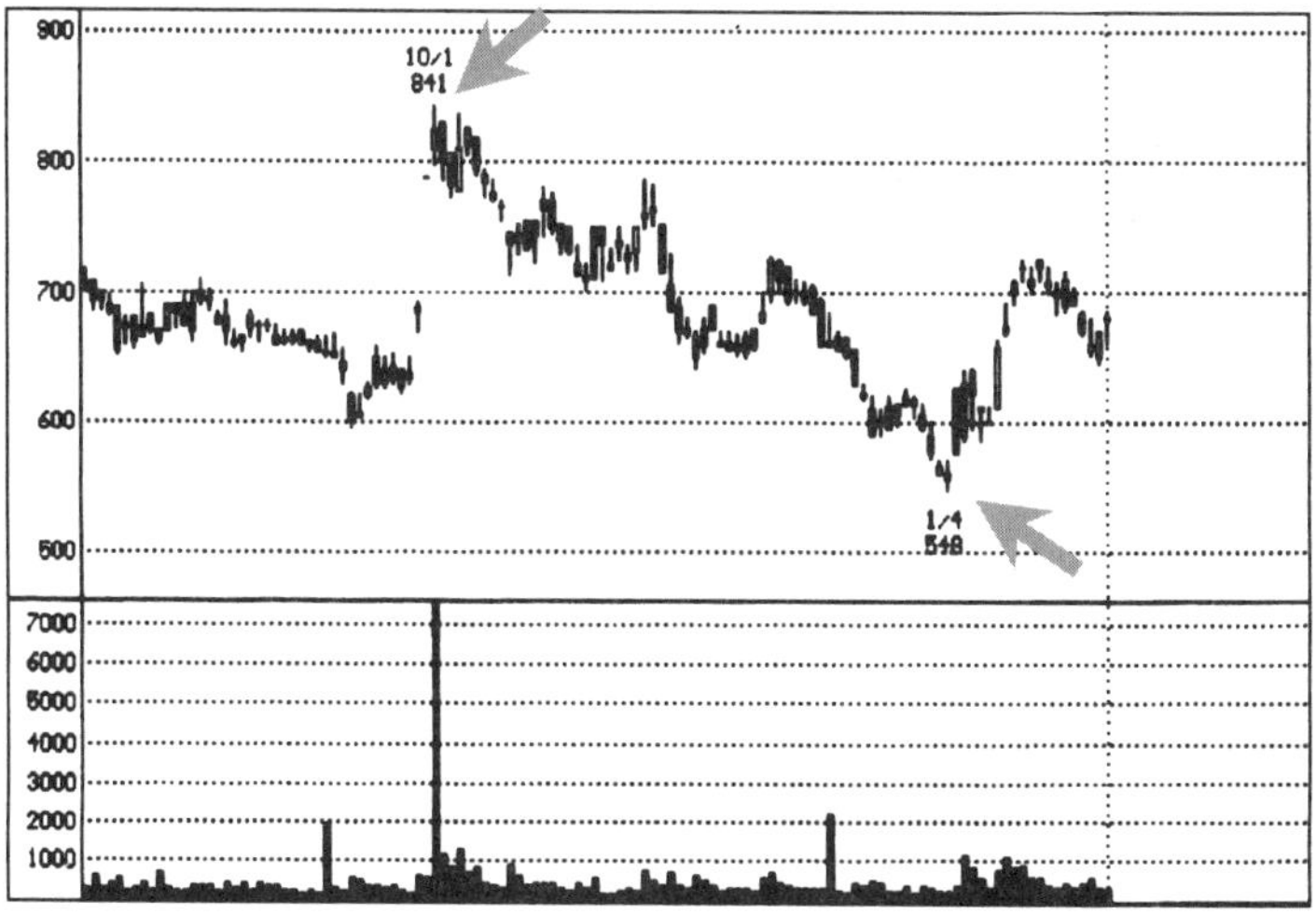
10/1
841
1/4
548
900
800
700
600
500
7000
6000
5000
4000
3000
2000
1000

一番天井カラ売り■成功事例 5

一番天井は短期決戦!!
の典型的勝ちパターン実践例

4404　ミヨシ油脂

●出動シグナル	99/11/4	終値 353 円
●出動日	99/11/5	売値 358 円
●信用倍率	17:2527＝ 139 倍	
●最安値及び下落率		242 円 32%

ミヨシ油脂の場合も楽勝ケースだ。出動から7営業日で32％下落。途中保合いもなくストレートに下げている。その後弱い二番天井があり、利喰いを逃してもその後２５０円を長く下回っているので、大変やさしかった事例といえる。

この銘柄の場合、チャート図でもわかるようにVチャートでカラ売りシグナルの出る直前の11月２日に、突然「ダイオキシン無害化処理の薬剤の販売開始」を材料にしてストップ高となった。翌日も値が飛んで寄り付き、大きなヨコ長の四角が形成されている。

急騰の直前まで安値を拾う形跡もなく、「カラ売り」にとって怖い低位の仕手株でないことがわかるので安心して売り建てることができた事例である。

4404　ミヨシ油脂

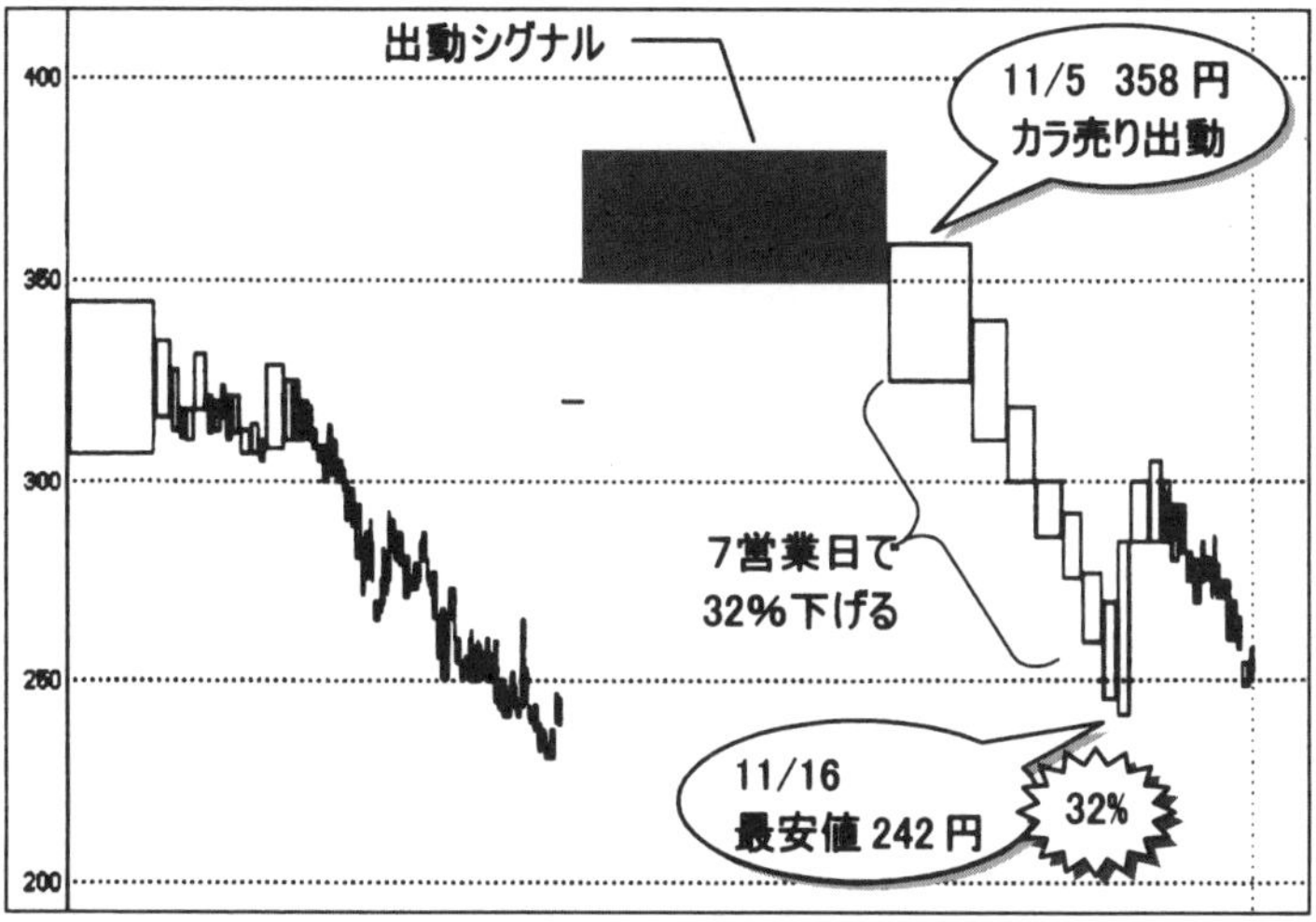
400
350
300
250
200
出動シグナル
11/5 358円
カラ売り出動
7営業日で
32%下げる
11/16
最安値242円
32%

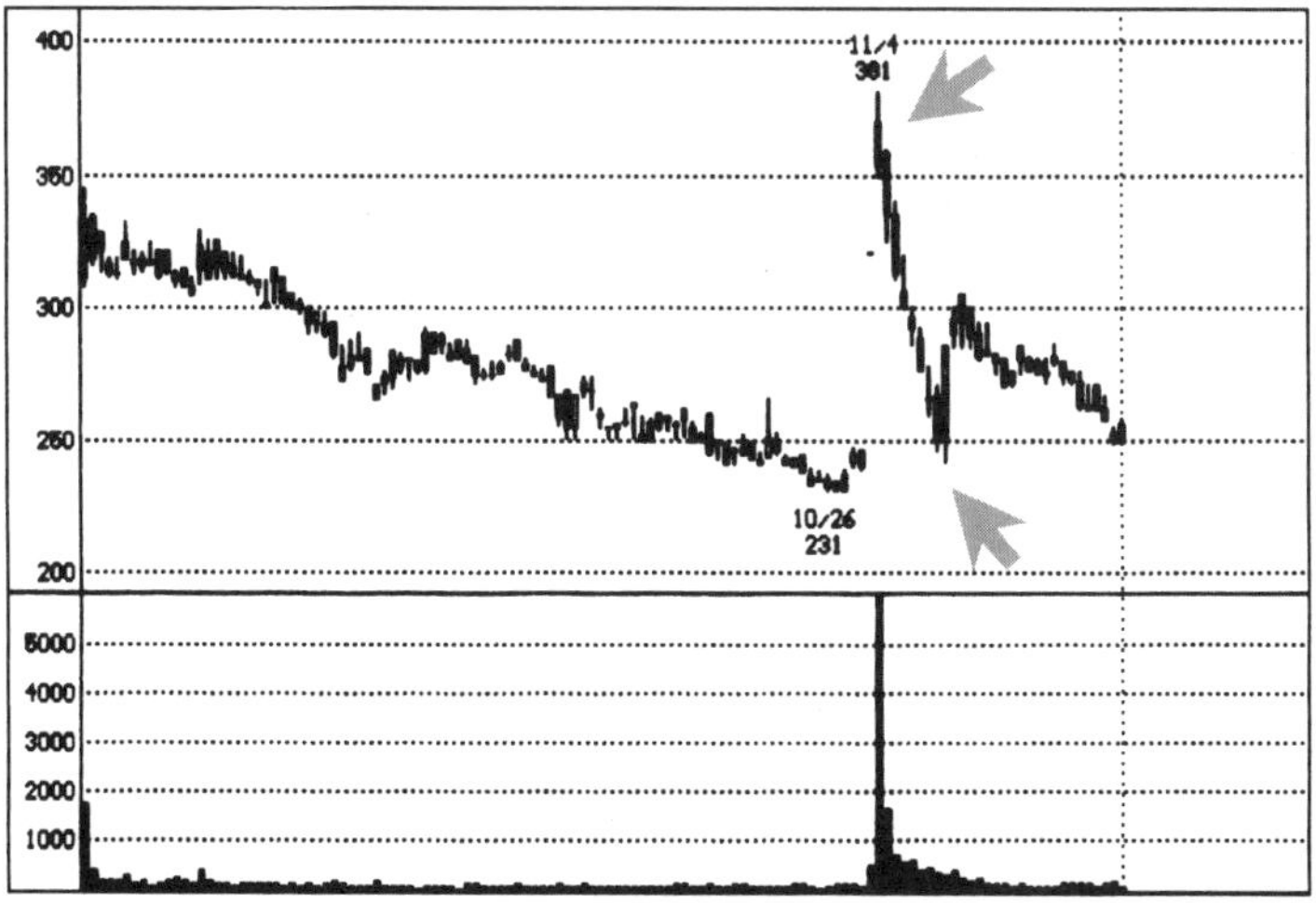
400
350
300
250
200
11/4
381
10/26
231
5000
4000
3000
2000
1000

一番天井カラ売り■成功事例 6

出動直後から順風満帆、楽勝実践例

7259 アイシン精機

●出動シグナル	99/11/12 終値 1813円
●出動日	99/11/15 売値 1809円
●信用倍率	204:797＝ 3.9倍
●最安値及び下落率	1352円 25%

この事例も「カラ売り」としては何の苦労もなく楽々勝つことができたものだ。市場の物色の中心はあくまでもＩＴ関連、猫も杓子も資金はそちらへ向かっていた状況だった。

アイシン精機はトヨタ系の自動車部品メーカーであり、たまに注目されることはあっても情報技術の枠にはどう転んでも入らず、需給の崩れがそのまま下降につながった。

11月12日にヨコ長の四角が出て、翌15日に出動したところから3日目には早くも１７００円割れとなり、後は順風満帆だ。

ご覧のように出動日の翌日から出来高は激減し需給悪化、株価は自然落下のように落ちて２０００年初日には安値１３５２円をつけることになった。

7259　アイシン精機

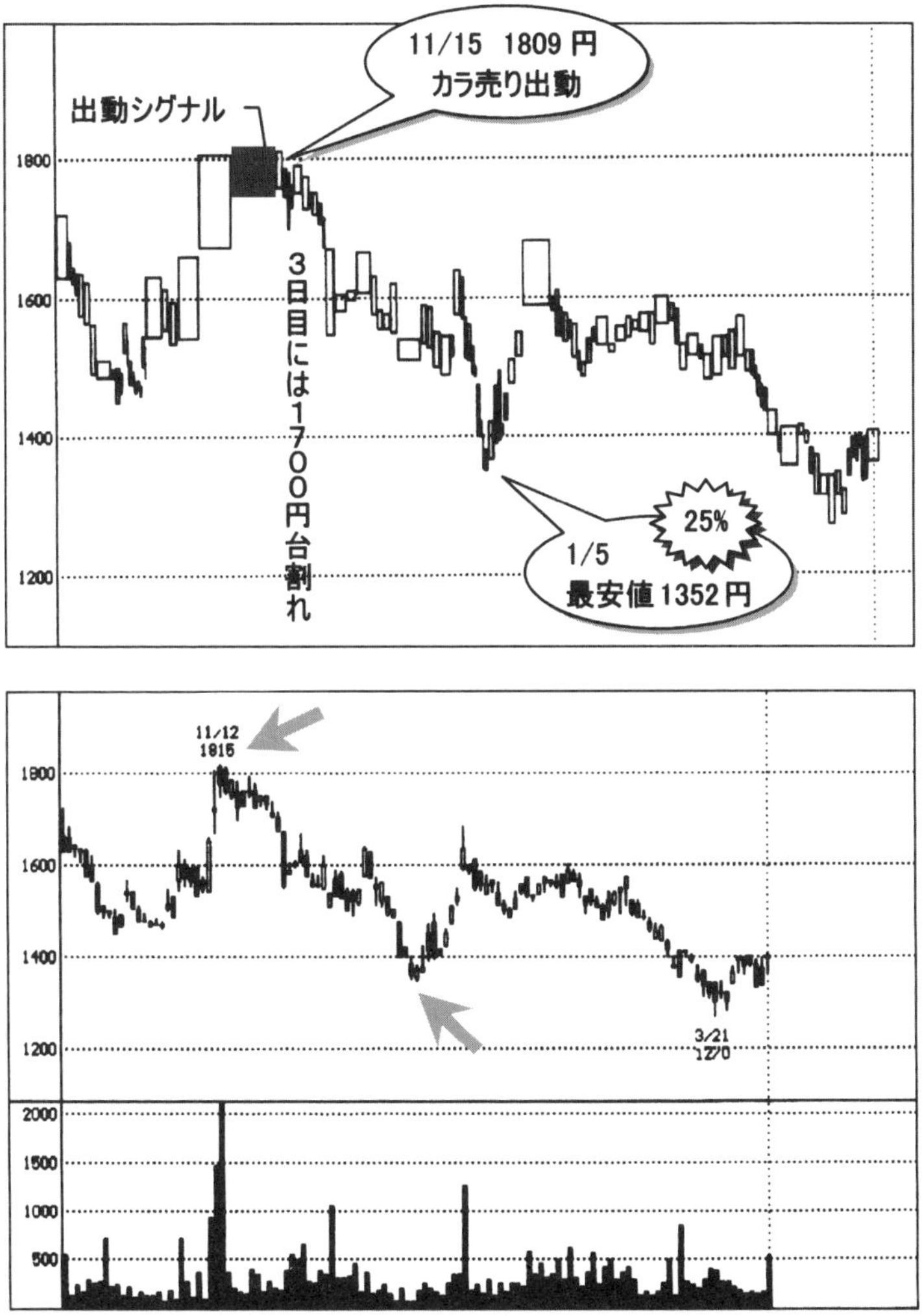
11/15 1809円
カラ売り出動
出動シグナル
1800
1600
1400
1200
3日目には1700円台割れ
25%
1/5
最安値1352円
11/12
1816
3/21
1270
2000
1500
1000
500

一番天井カラ売り■成功事例 7

1ヶ月で30%、幕間つなぎの銘柄の実践例

2211　不二家

●出動シグナル	00/1/13	終値 337 円
●出動日	00/1/14	売値 336 円
●信用倍率	56:1977＝ 35.3 倍	
●最安値及び下落率		236 円 30%

不二家は２０００年初頭、バイオ関連の波に乗って1月4日から急騰。13日には大きなヨコ長の四角をつけて翌14日カラ売り出動となった。このときは宝酒造、協和発酵、味の素などに連なって食品の一角としてバイオ関連の連想から買われたものだった。年末の安値２１１円から13日の高値３５５円までわずか１週間で68％もの急騰を見せた。

しかしＩＴ関連の幕間つなぎとしてのバイオの役割はほぼ１ヶ月程で終了。中でもしんがり的な不二家は急落し、１ヶ月後の2月16日には２３６円とカラ売り出動値から30％もの下落となっている。チャートで見るとヨコ長の四角は1月13日だけで後はすべてタテ長ばかりとなっており、いかに1日の中での値動きが激しいかがわかる。２０００年「カラ売り」成功事例第１号となった。

2211　不二家

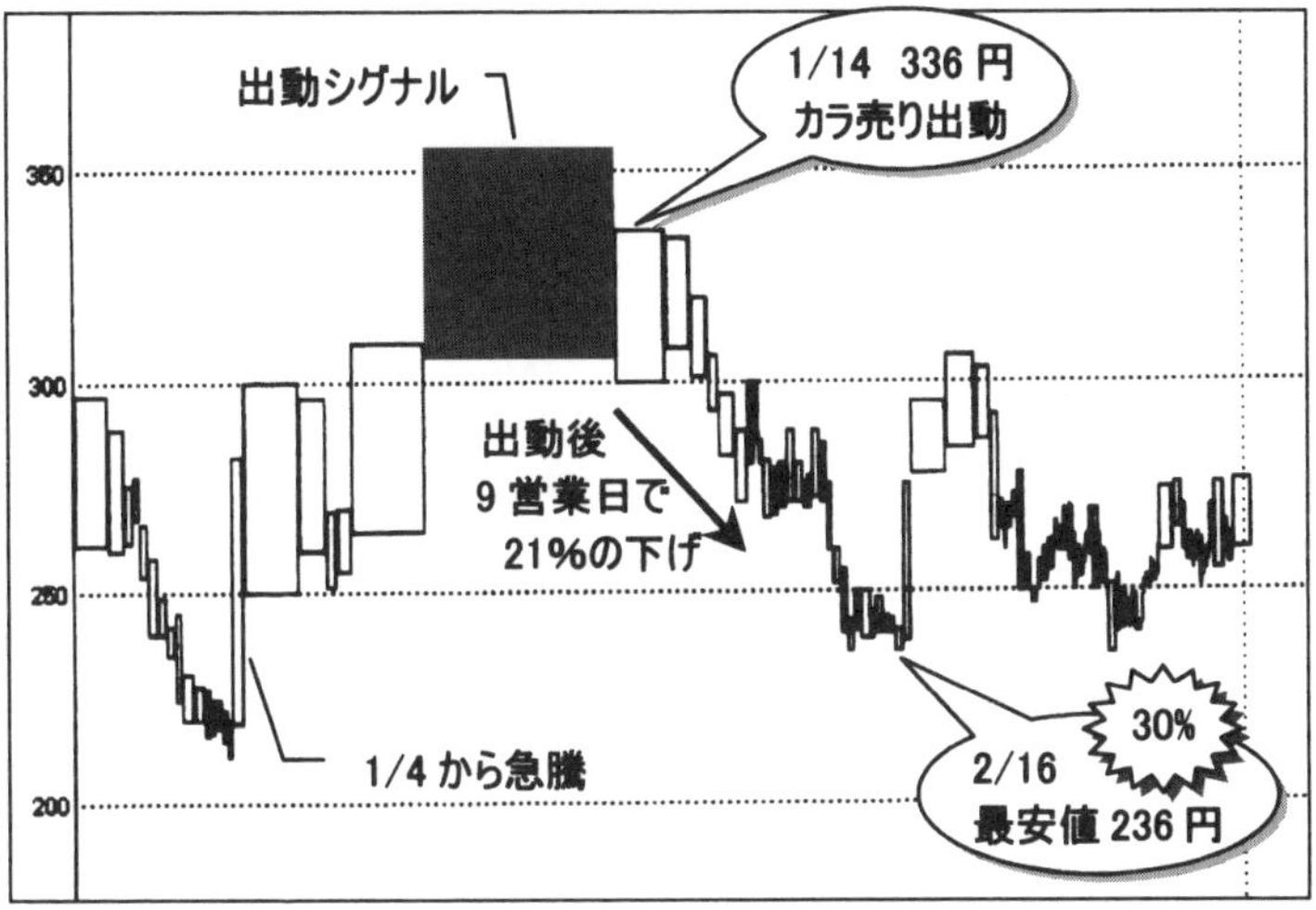
出動シグナル
1/14　336円
カラ売り出動
出動後
9営業日で
21%の下げ
1/4から急騰
30%
2/16
最安値236円
360
300
250
200

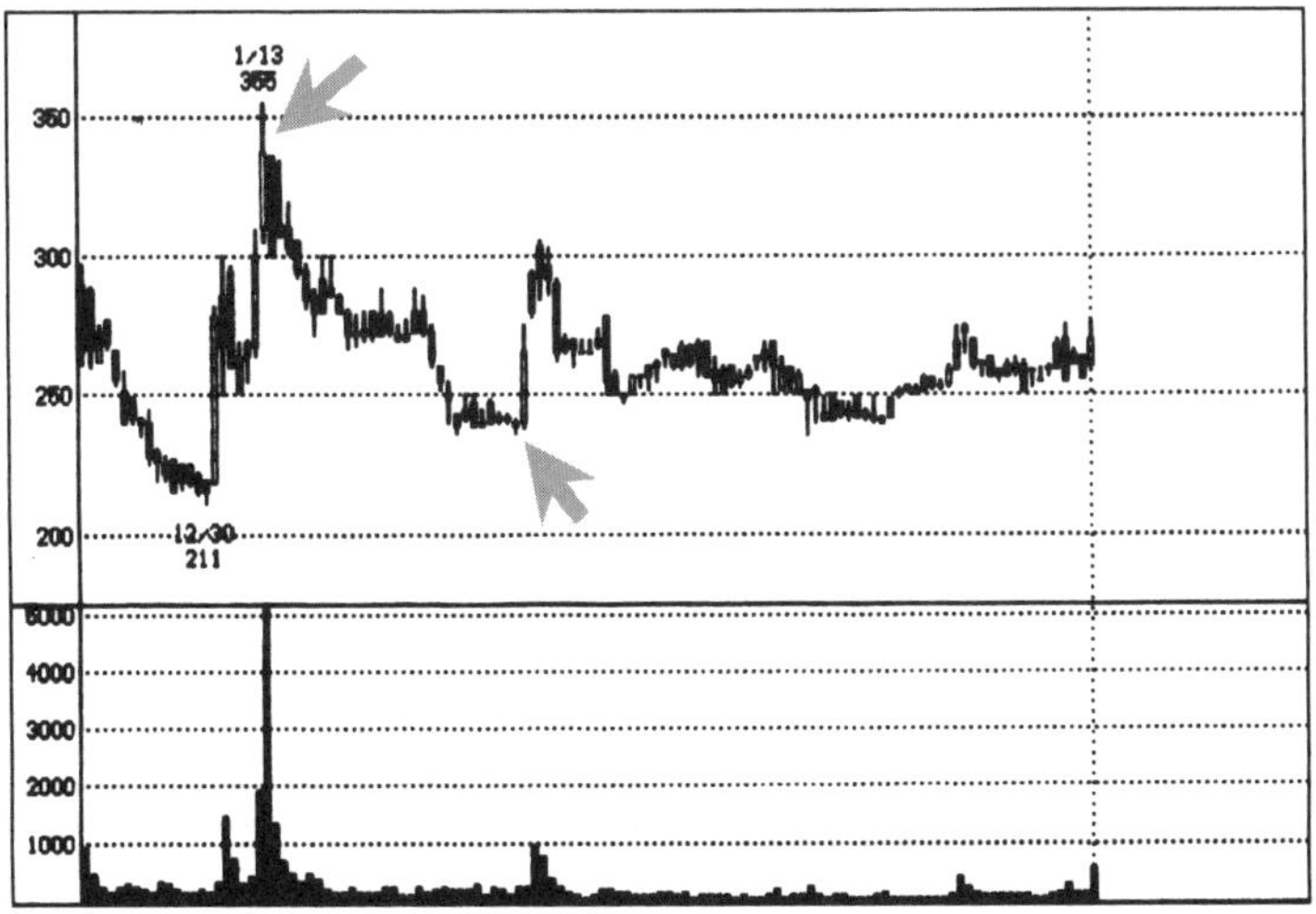
1/13
365
12/30
211
350
300
250
200
6000
4000
3000
2000
1000

一番天井カラ売り■成功事例 8

相場全体の動きを追い風に、大勝ち実践例

6641　日新電機

●出動シグナル　00/2/14　終値 339 円
●出動日　00/2/15　売値 340 円
●信用倍率　123:2725＝ 22.2 倍
●最安値及び下落率　210 円 39%

ご承知のように日新電機がカラ売り銘柄として飛び出してきたのは、ソフトバンクや光通信が歴史に残る高値をつけた日だ。この日近辺は「バブル的に何でもあり」といった状況にあった。この銘柄もそうした流れの中で、前年12月22日につけた安値１５４円から2倍以上急伸してきてこの日を迎えている。

日経平均はその後も公的資金の投入によってまだ高値があったものの、トピックスを見るとこの2月15日辺りが天井となっており、実質的には相場はここから下り坂に入っていくことになった。その意味でこの日新電機は相場全体の動きと機を一にして下落しているといえよう。ヨコ長の大四角の翌日＝カラ売り出動日に高値３３９円をつけた以降下げつづけて、日経平均の大暴落となった4月17日に２１０円の安値をつけて利喰いとなった。

6641　日新電機

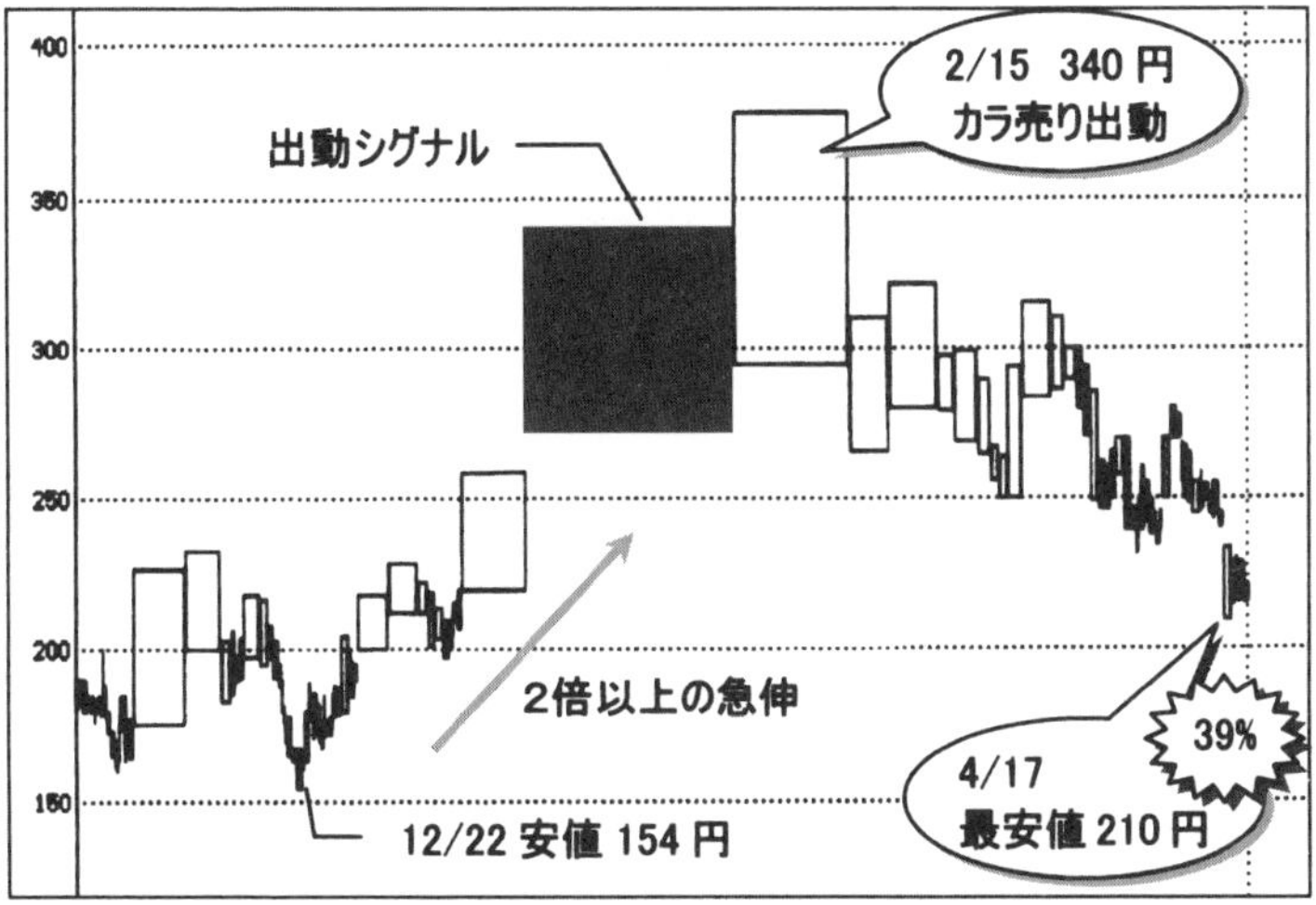
2/15　340 円
カラ売り出動
出動シグナル
2倍以上の急伸
12/22 安値 154 円
4/17
最安値 210 円
39%

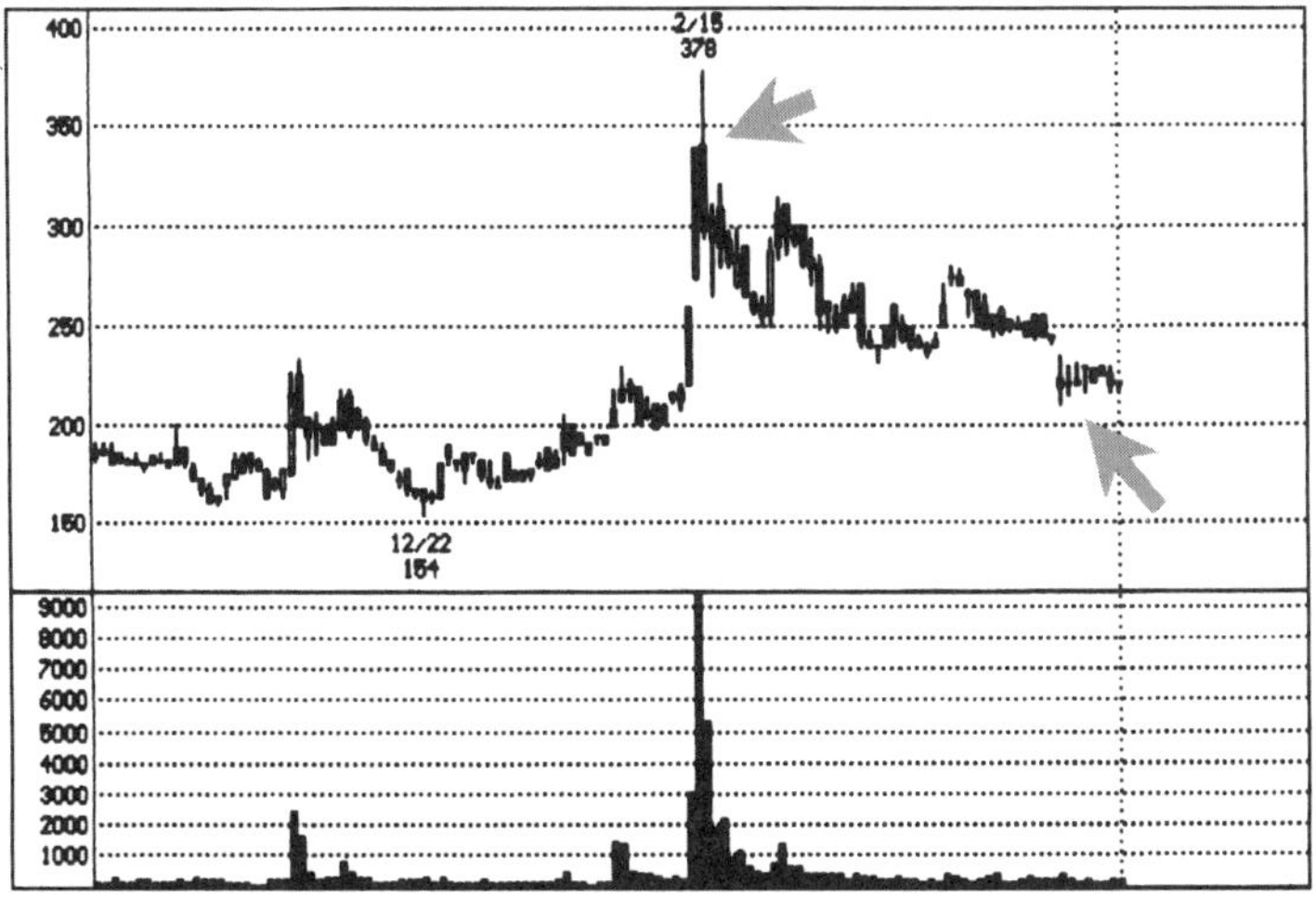
2/15
378
12/22
154

一番天井カラ売り■成功事例 9

ムリヤリの上昇後、下降に転じて勝利の実践例

6754 アンリツ

●出動シグナル　00/2/15　終値 1180 円
●出動日　00/2/16　売値 1180 円
●信用倍率　591：2745＝ 4.6 倍
●最安値及び下落率　904 円 24%

前事例と同様、この銘柄も2月15日の高値の中で現われたものである。ＮＥＣの関連会社としてＮＴＴと取引があることもあってムリヤリＩＴ関連に入れられ、1月17日の安値６６１円からわずか１ヶ月で株価は２倍に。

Ｖチャートによる大きなヨコ長の四角が現われた2月15日の直前２日間はご覧の通りストップ高が続いている。こんな上げ方は短期消耗に入ることが多く、案の定しばらく保合うかのように見えたがその後急落、１ヶ月後の３月15日安値９０４円をつけた。

しかしその後はしばらく調整し、４月17日の日経平均の大暴落後は急騰をはじめ、７月には３０００円を伺うまでになっている。「カラ売り」は利喰いのノウハウを持たないと危険な目に遭うことが多いものだ。実践に際しては、次章で述べるそのノウハウをぜひ修得していただきたい。

6754　アンリツ

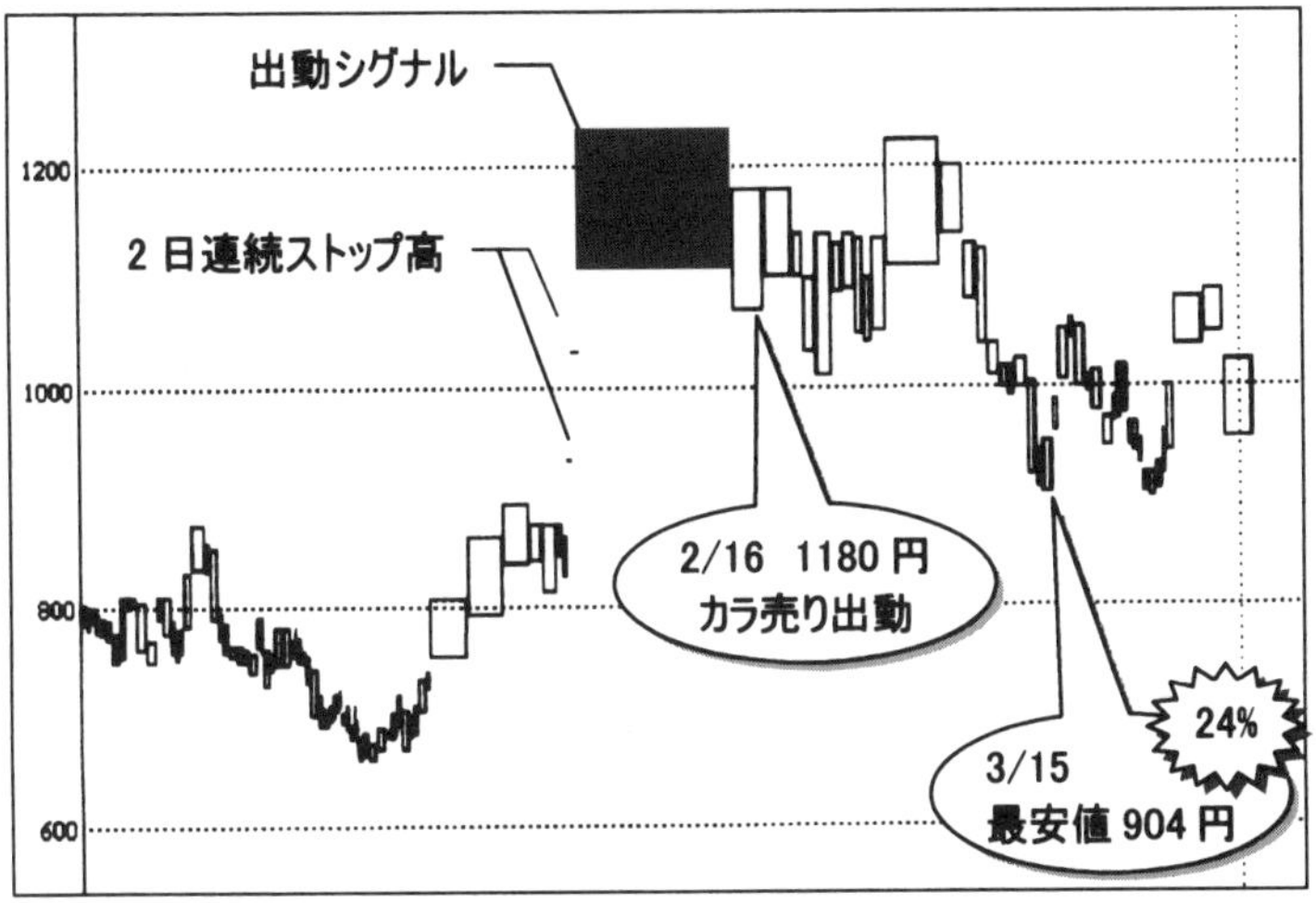
出動シグナル
2日連続ストップ高
2/16　1180円
カラ売り出動
24%
3/15
最安値904円
1200
1000
800
600

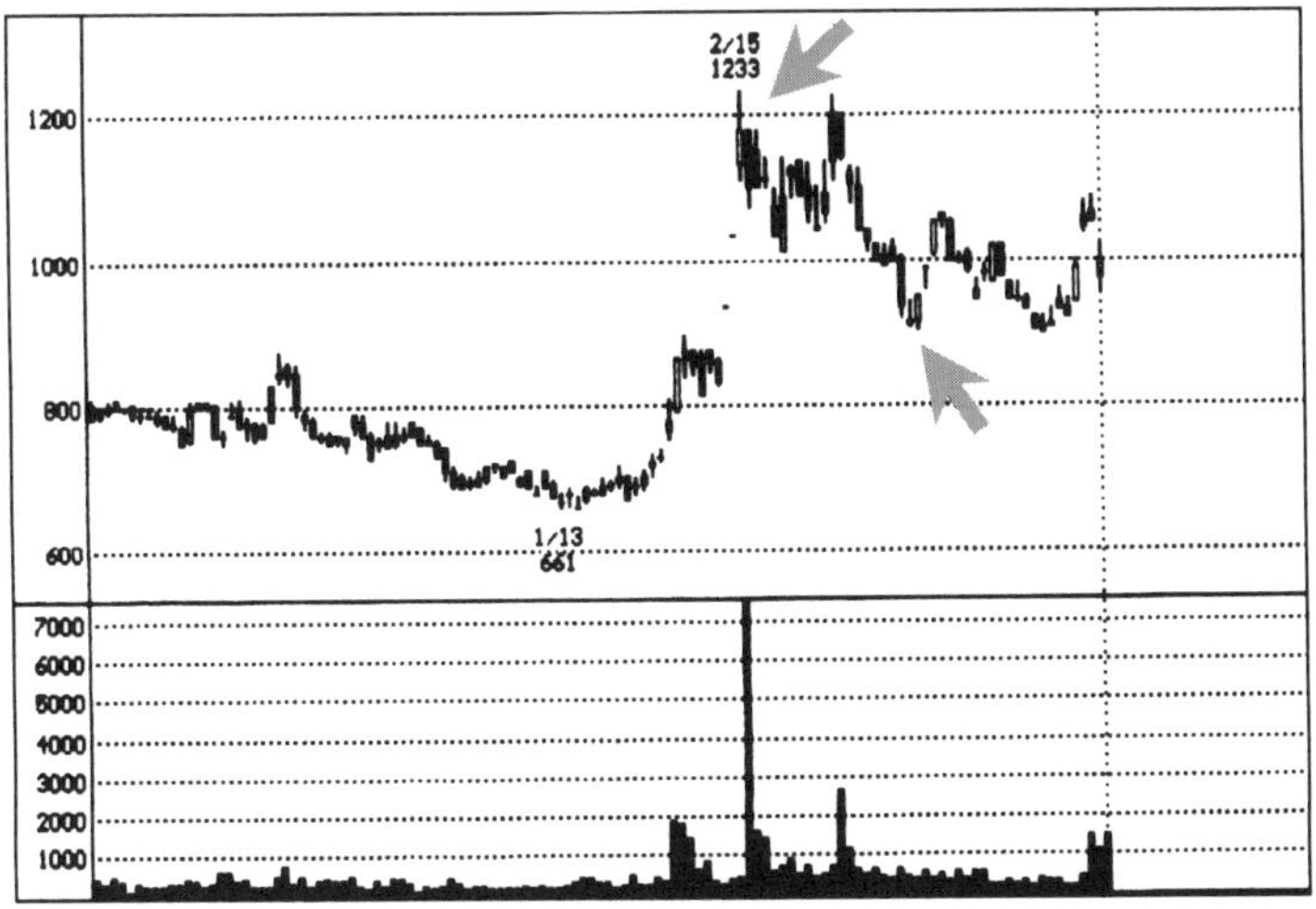
2/15
1233
1/13
661
1200
1000
800
600
7000
6000
5000
4000
3000
2000
1000

一番天井カラ売り■成功事例 10

出動直後から一気に3週間で25%、楽勝実践例

5471　大同特殊鋼

●出動シグナル	00/4/4	終値 212円
●出動日	00/4/5	売値 215円
●信用倍率	282:6249＝ 22倍	
●最安値及び下落率	163円 25%	

99年秋から一番天井「カラ売り」は大変順調な戦績で、出動後スンナリ下がり20％以上の利益を短期で取り続けてきたが、それもこの銘柄が最後となった。これ以降「カラ売り」対象として手掛けたものは、多少株価は落ちてもすぐに回復するなど、ほとんどが一番天井と見えたところが結果的に間違いになっている。

この後4～5月にかけて日経平均が暴落し、そこから相場はＩＴ関連値嵩株から国内中低位株物色へと劇的に変化していくことになる。それは10年に一度あるかないかの強力なもので、証券会社、投信、個人が一丸となって、さらに公的資金も含めた強烈な買い相場への移行であり、Ｖチャートに基づく「カラ売り」銘柄はほとんどロスカットになっている。しかしこの「カラ売り」の敗戦は、とりもなおさず資金配分における「買い」へのシフトの合図となっていたのだ。

5471　大同特殊鋼

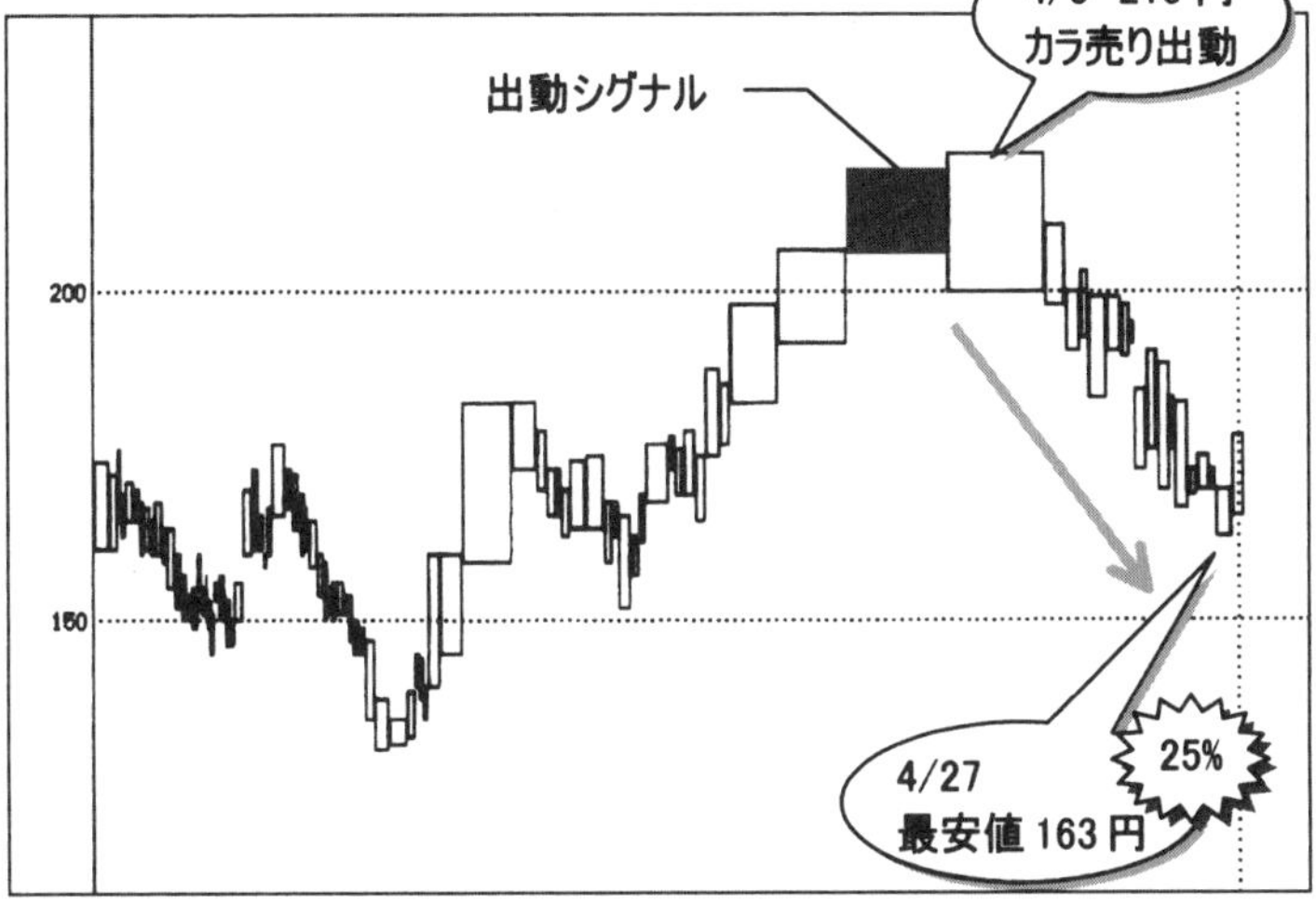
4/5 215円
カラ売り出動
出動シグナル
200
150
4/27
最安値 163円
25%

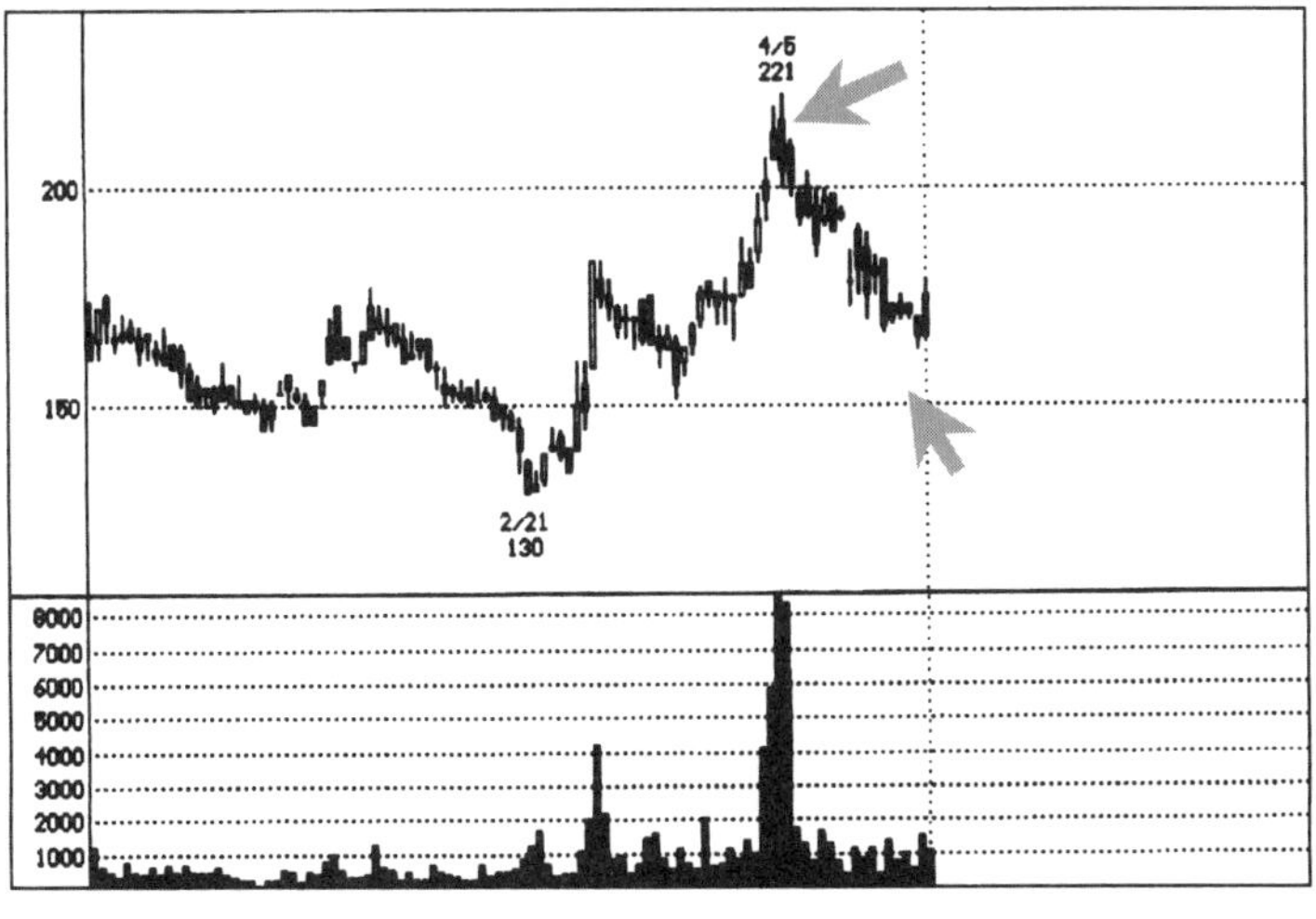
4/5
221
200
150
2/21
130
8000
7000
6000
5000
4000
3000
2000
1000

第3章

逃げるが勝ちの逆調「カラ売り」

しまったと思ったが早目に崩れて勝った4例
トントン様子見が仇になった　2例
ああおそろしい株価は2倍3倍に　4例

次にお見せする事例は一番天井「カラ売り」で出動後、株価がさらに上がった場合で、3つのパターンにわけて紹介しております。一番天井「カラ売り」は、火山でいえば噴火中の活火山といえ、買い方の欲と期待が熱狂となって株価を急騰させているポイントをターゲットにするものです。まさにハイリスク・ハイリターンそのものです。したがってVチャートというきわめて科学的な分析により、ヨコ長の大きな四角で需給の悪化を捉え出動してもいつも順調に株価が急降下してくれるとは限りません。

とくに市場における相場動向から引き起こされる資金の流れが短期急騰する材料株などに滞留する状況下においては、一番天井と思えたところからさらに10%、20%を超えて株価が上昇していくこともよくあります。

次の3つの事例は本来10%のロスカット(損切り)を励行すべきであり、「カラ売り」や「買い」の株式投資が切らなければ損ではないという間違った観念で期待をもって眺めてしまうケースに対し、警鐘を与えるために呈示しました。

第一の事例群は「カラ売り」が有利な時期であったため、10%ロスカットをしなかったことが結果的に大プラスになり、ロスカットなんかしなくても大丈夫だという甘い楽観をもちやすいケースです。

第二の事例群も「カラ売り」や「買い」に共通してよくおきるケースで、勝ちもしないが

林 輝太郎著

商品相場必勝ノート

四六判 344頁
定価 2039円

商社の人や一部大衆店の実務担当者から「不文の法」であり「顧客に教えてはならない」と抗議されたやり方まで含め、商品相場で確実に儲け続けるやり方を解説した。

林 輝太郎著

商品相場の技術

A5判 594頁
定価 7340円

本書は多くの相場師たちの血と汗とによる遺産ともいうべきものである。初心者、少額資金者をはじめ、の株式商品売買練習法、プロ・アマでの実践譜も載せた具体的な技術書である。

板垣 浩著

プロが教える株式投資

四六判 280頁
定価 2039円

アマが絶対に知らない業者の内幕、アマの気がつかない錯覚と甘さ、勉強の筋道・方法・気持の持ちかた、上達のための必須事項など、わかりやすく解説。

佐藤新一郎著

株で儲けるキーポイント6章

四六判 240頁
定価 1890円

株で儲けるために、押さえておくべき、欠かせないポイントを徹底的に追求。ひと相場ごとに、大きく儲けるためには、「どういう銘柄が大幅に上昇するのか」、「その波動の天底をどのようにして捕まえるか」という2つの知識が必要不可欠である。本書では、この2点をやさしく述べた。

佐藤新一郎著

プロの逆張り投資法

四六判 290頁
定価 2039円

株式投資で重要なことは、株価の動きの基本原則を知って投資することである。本書は、逆張りの法則として、下げ相場と底入れ、それからの上昇に焦点を合わせて、豊富な実例とともに解説した。

佐藤新一郎著

プロの株価測定法

四六判 208頁
定価 1365円

チャートを読みこなす力がつく!!プロは技術指標を重視している。株価の動きや出来高など、必ず技術指標に現れるからだ。より確実に、より大きく儲けるためのプロの測定法を総解きした。

林 輝太郎著

うねり取り入門
—株のプロへの近道—

四六判 320頁
定価 2100円

株で資産を築いた成功者たちと負ける投資家とのちがいは「利益を得やすい、やさしいやり方」をするかしないかにある。本書は、単純でやさしく、利益を得やすいプロのやり方や考え方を具体的に解説した。

三木　彰著

最強のオプション戦略

続・日経225オプション買いの実践

四六判　208頁
定価　2100円

「日経225オプション買い」の損失限定、利益無限大という商品特性を生かし、大きなリスクのスキマをついて勝率の悪さをカバーする考え方と戦略をやさしく解説した。

三木　彰著

日経225オプション買いの実践

四六判　208頁
定価　2100円

勝率は低いが、うまくツボにはまった時には1日で2倍や3倍、1～2週間で5倍や10倍になる魅力的金融商品の実戦的攻略法と、リスクを計算し敢然と闘う戦略を詳述。

林　輝太郎著

相場師スクーリング

四六判　330頁
定価　2039円

すべての投資家が越えられないギャップとは、すべてタテマエとホンネとのギャップであり、ホンネを聞き、読みながらどうしても踏み切れないという。それをズバリ指摘し、明るい前途を開く。

林　輝太郎著

定本　酒田罫線法

四六判　360頁
定価　5097円

酒田日足は電話のなかった米相場の時代からコンピュータの普及した現代までの不変の相場の姿である。①酒田罫線法の概要　②酒田新値のとり方　③線と線組みの定石　④買い線の型　⑤売り線の型。

立花義正著

あなたも株のプロになれる

四六判　354頁
定価　1890円

研究と試行錯誤／売買の常石／売買技法の上達／建て玉の操作など〝当て屋〟から〝技術者〟に無理なく転向できる方法を具体例で解説。

三木　彰著

儲かる銘柄ケガする銘柄

人気株に気をつけろ

四六判　208頁
定価　1890円

人気銘柄、良い銘柄を買ったのに損をしているのが個人投資家。その原因と株の仕組みを「ソフトバンク」「投資信託」などを例にとってわかりやすく解説。人気株のこわさ、良い銘柄で損をする秘密を解き明かしながら、儲けるための定石とノウハウを述べた。

林輝太郎著

株式成功の基礎

―10億円を儲けた人たち―

四六判　296頁
定価　2100円

10億円儲けたといっても、血のにじむような努力の結果ではなく、基礎売買を身につければ誰でもできることである。ただ、つまらないと思われている「単純な基礎」をやるかやらないかにかかっている。

林 輝太郎監修　栗山 浩著

株式サヤ取り教室

――安全有利な裁定取引――

四六判　190頁
定価　2039円

株式サヤ取りの特徴は、リスクがない、利益は少ないが確実、心理的負担が少ない、過大な周辺知識と労力を必要としない、理論的……などがある。これらの利点を基礎から知るための常備の本

栗山 浩著

株式サヤ取りの実践

四六判　226頁
定価　1835円

サヤ取りは、世界中で広く行われているビジネスとしての売買である。日本ではほとんど行われていない、このサヤ取りの利点を実践例を混じえて紹介。

三木 彰著

「いい株」を探そう

――すべては買いのタイミングで決まる――

四六判　208頁
定価　1890円

「いい銘柄」を買っても儲からないのはナゼか。投資家の誤解をを解き明かし、「いい株」で儲けることを絶対基準にした考え方、効率的な売買ポイントを詳しく紹介。

三木 彰著

カラ売り『勝利の十則』

四六判　200頁
定価　1890円

「カラ売り」の本質と仕組みを知ることは、株で負けないための必須条件長期上昇トレンドの中での「カラ売り」をどう行うかを前提に、新しい視点からの「カラ売り」の基本的考え方、技術ノウハウをふんだんに盛り込み、相場に対する正しい認識とスタンスを解説。

倉沢彰夫著

国際商品市場リポート

四六判　216頁
定価　1890円

本書は、原油・コーヒー・レアメタルなどの国際商品市場をめぐる新しい動きやニュースを取り上げ、あわせて日本の商品市場の将来も展望している読み物である。なお巻末には、世界的な投資家ジム・ロジャースのインタビューも掲載。

マーク・ブルーム　高島一夫著

スイス・プライベートバンク活用術

四六判　208頁
定価　1890円

日本人の考えるスイスのプライベートバンクは間違いだらけ。そもそもプライベートバンクとは何か、普通の銀行とどこが違うのか、どんなサービスを受けられるのか、など基本中の基本から活用法まで解説した、最もやさしい入門書

マーク・ブルーム　高島一夫著

ヘッジファンドで資産を増やすカンどころ

A5判　216頁
定価　2100円

ヘッジファンドというと非常にリスクのある投資対象と考えられているようです。本書を通してヘッジファンドの本当の特徴を理解して、資産作りを考えてみましょう。

かといってはっきり負けるわけでもないので、様子を見ていたら、アレヨ〜とやられてしまったケースです。このケースも10％のロスカットをせずにリスクを拡大させる可能性が強く、株式投資の定石にあるいわゆるトントン切りの大切さを示すものです。

第三の事例群は「カラ売り」が不利になる買い相場のはじまりの時期に多く見られるもっとも危険なケースで、一番天井「カラ売り」の判定をはっきりと覆えす新たな資金の流入が発生し、株価を2倍3倍へと持ち上げたパターンであり、ロスカットをしないことがいかに危険かを明確に見せてくれます。

いずれも一番天井「カラ売り」についてまわる事例で、「買い」も含めた「カラ売り」の投資技術に習熟する上で10％のロスカットの大切さをはっきり認識していただける事例と思います。

一番天井カラ売り

■“しまった”と思ったが早めに崩れて勝てた例　1

8762　興亜火災

●出動シグナル	99/10/18 終値 424円
●出動日	99/10/19 売値 414円
●信用倍率	11:889＝8倍
●その後の高値	99/10/20 450円(▲8.7%)
●最安値及び下落率	230円　45%

この銘柄は出動後1ヶ月近く高値保合いが続き、私どもの助言では途中トントン切りを勧めてしまい、あとになって地団駄を踏んだケースだ。もっとも実際にはトントン切りができずに持続していた人も多く、結果はご覧の通り。このときの全体の地合いは「カラ売り」に有利なものであり、やはり10%ロスカットラインに達するまでは勝負を継続すべきだったかと残念な思いをした。

この事例では保合った後の下げは凄まじく、下がり始めてからはほぼ一直線に約2週間で300円割れ（▲28%）となっている。ほとんどの人はこの辺りで利喰ったはずだが、その後の下げはさらに厳しく、翌年2月22日安値230円（▲45%）まで下げている。相場はいつも後から振り返って見れば簡単だが、その最中の適確な判断は実に難しいといえる。

8762　興亜火災

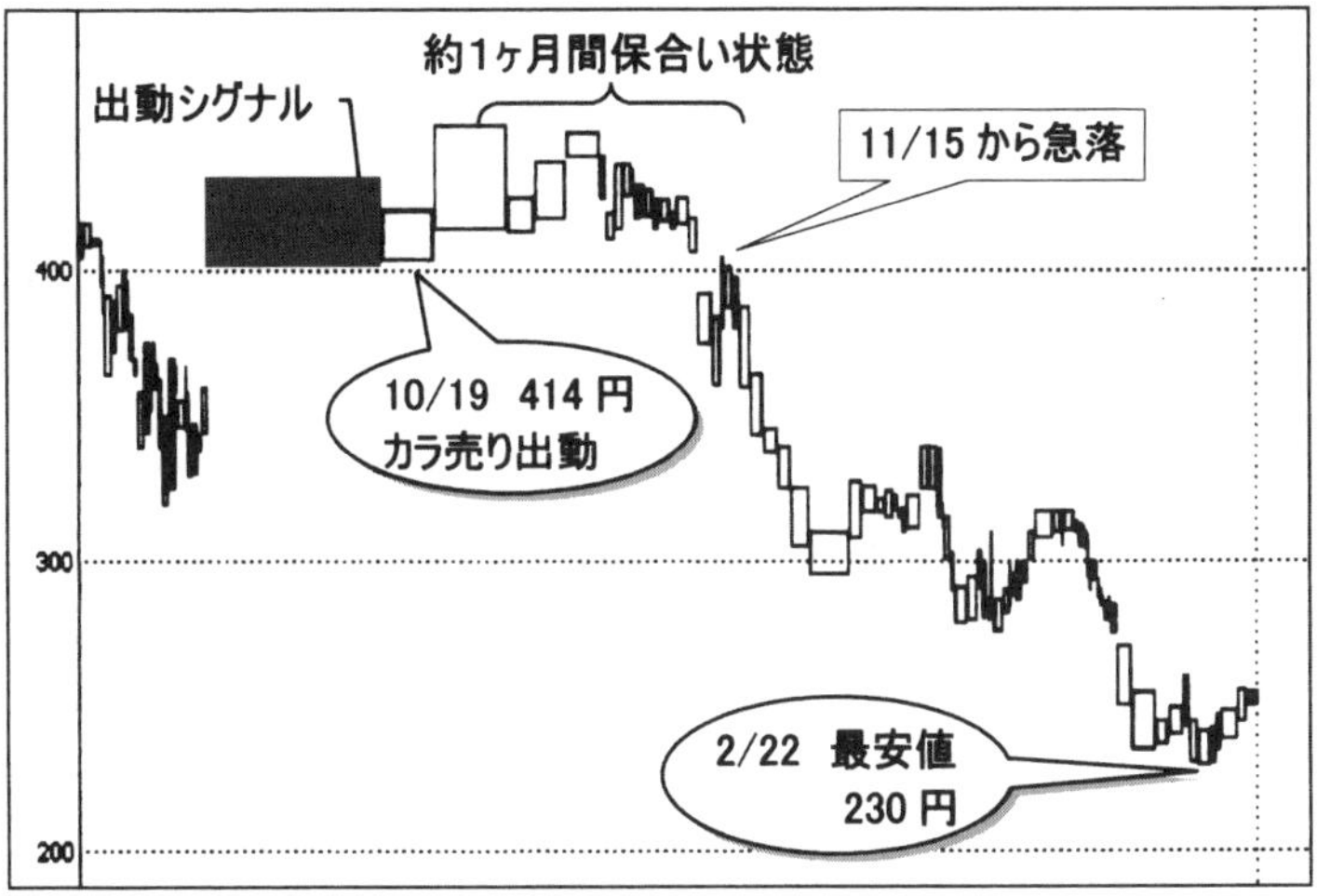
約1ヶ月間保合い状態
出動シグナル
11/15 から急落
400
10/19　414 円
カラ売り出動
300
2/22　最安値
230 円
200

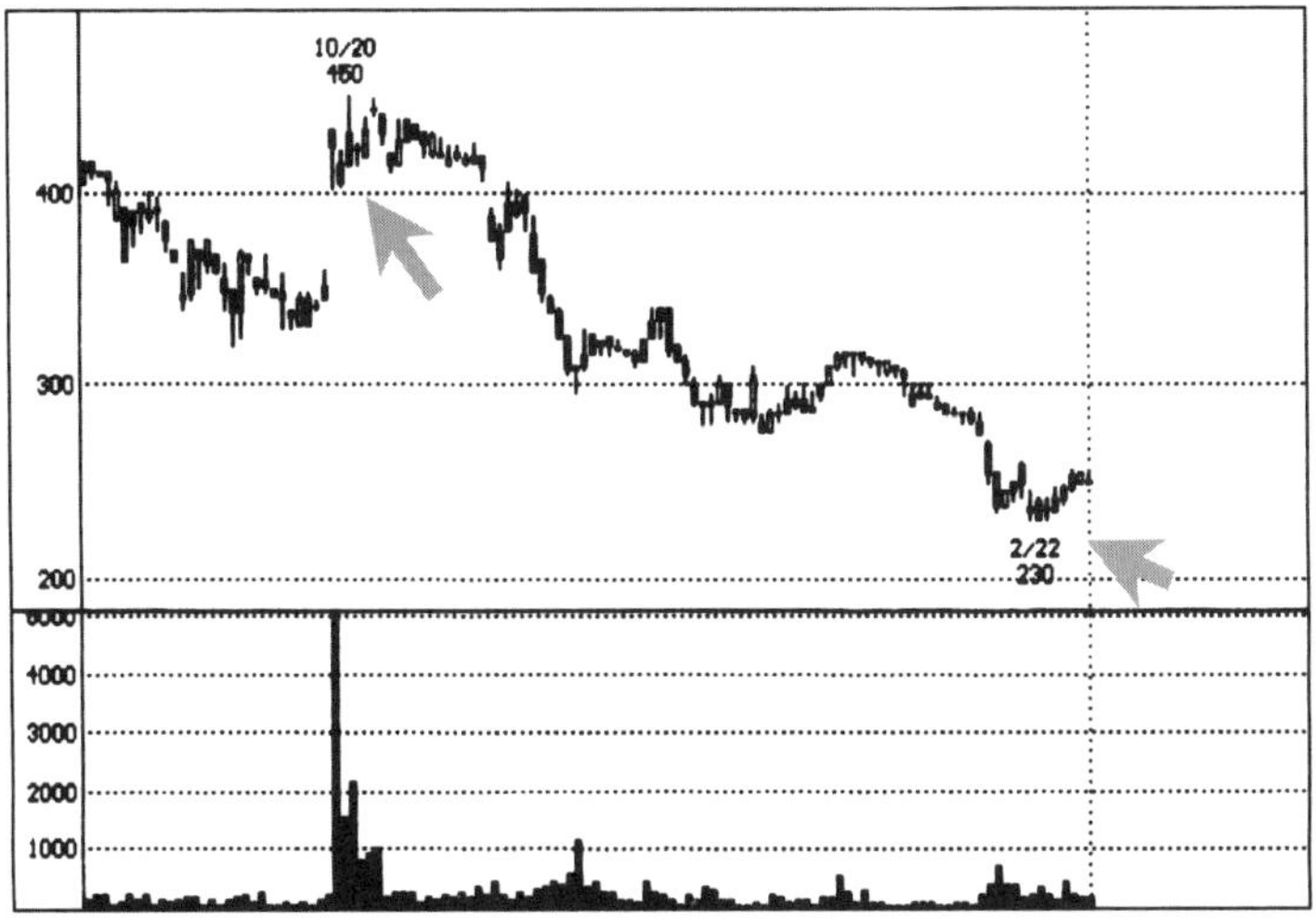
10/20
450
400
300
2/22
230
200
4000
3000
2000
1000

一番天井カラ売り

■“しまった”と思ったが早めに崩れて勝てた例　2

6011　新潟鉄工

●出動シグナル	99/11/19	終値	205円
●出動日	99/11/20	売値	220円
●信用倍率	341:8236＝		24倍
●その後の高値	99/11/29	297円(▲35%)	
●最安値及び下落率		60円	78%

このケースは「これぞまさに一番天井カラ売り」といえる事例だ。２００円以下の銘柄の「カラ売り」の場合、率が激しく動くので特に強くハイリスク・ハイリターンを意識する必要があり、それなりの資金分散を徹底しなければならない。

この銘柄は元来が仕手系株であり業績も悪く、「なんで買われるのか」と買っている人自身が思うほどだ。しかし「買い」と「売り」の需給バランスによっては、この事例のように安値85円から4倍近くに急騰し、結果として出発点の85円を30％も下回る60円まで売られることになった。

私どもの意見では、当然10％ロスカットが大原則。もし口惜しければロスカットした後に上で売り直すべきであり、そのチャンスはＶチャートがはっきりと示している11月26日と12月６日にある。

6011　新潟鉄工

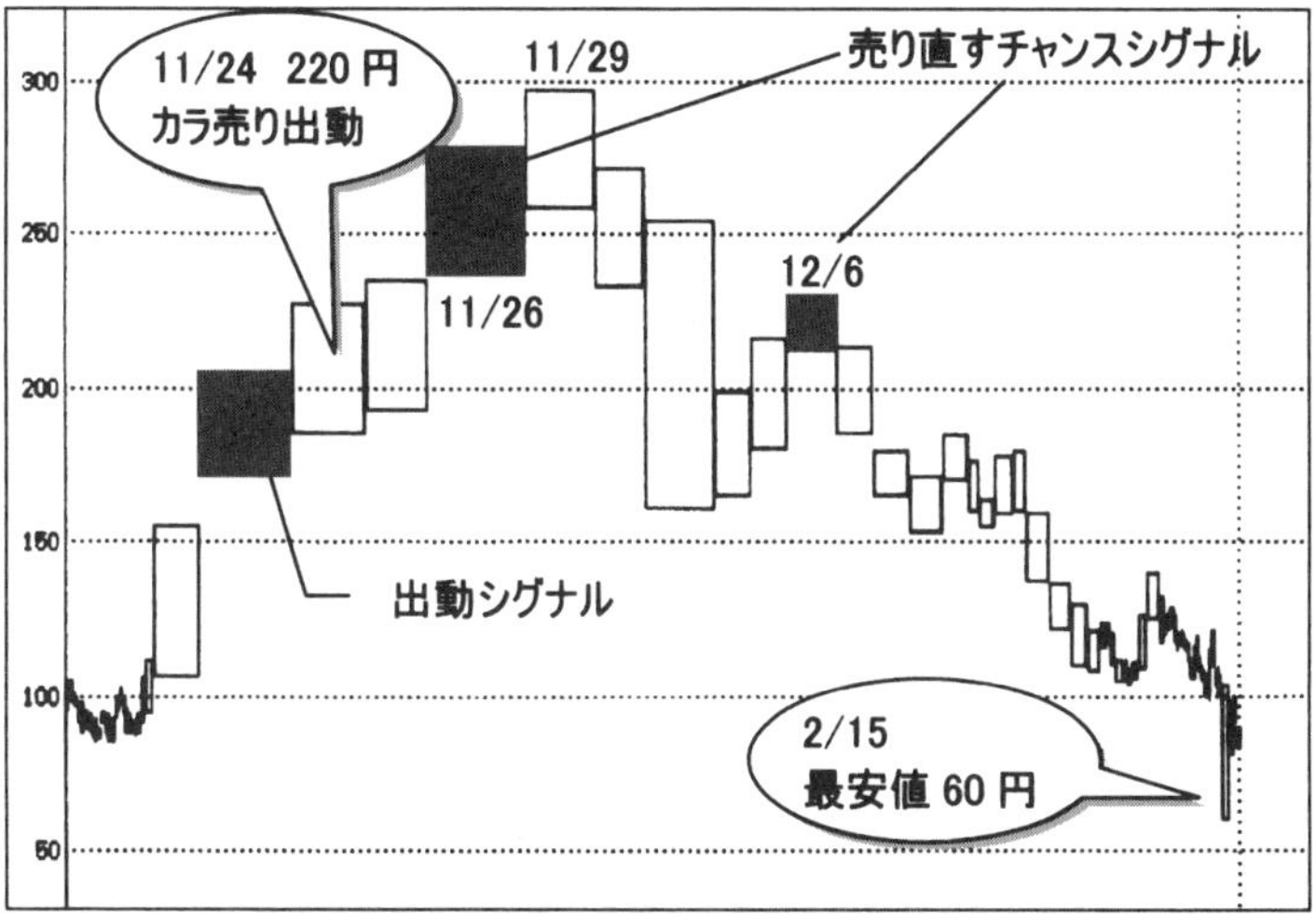
300
250
200
150
100
50
11/24 220円
カラ売り出動
11/29
売り直すチャンスシグナル
11/26
12/6
出動シグナル
2/15
最安値60円

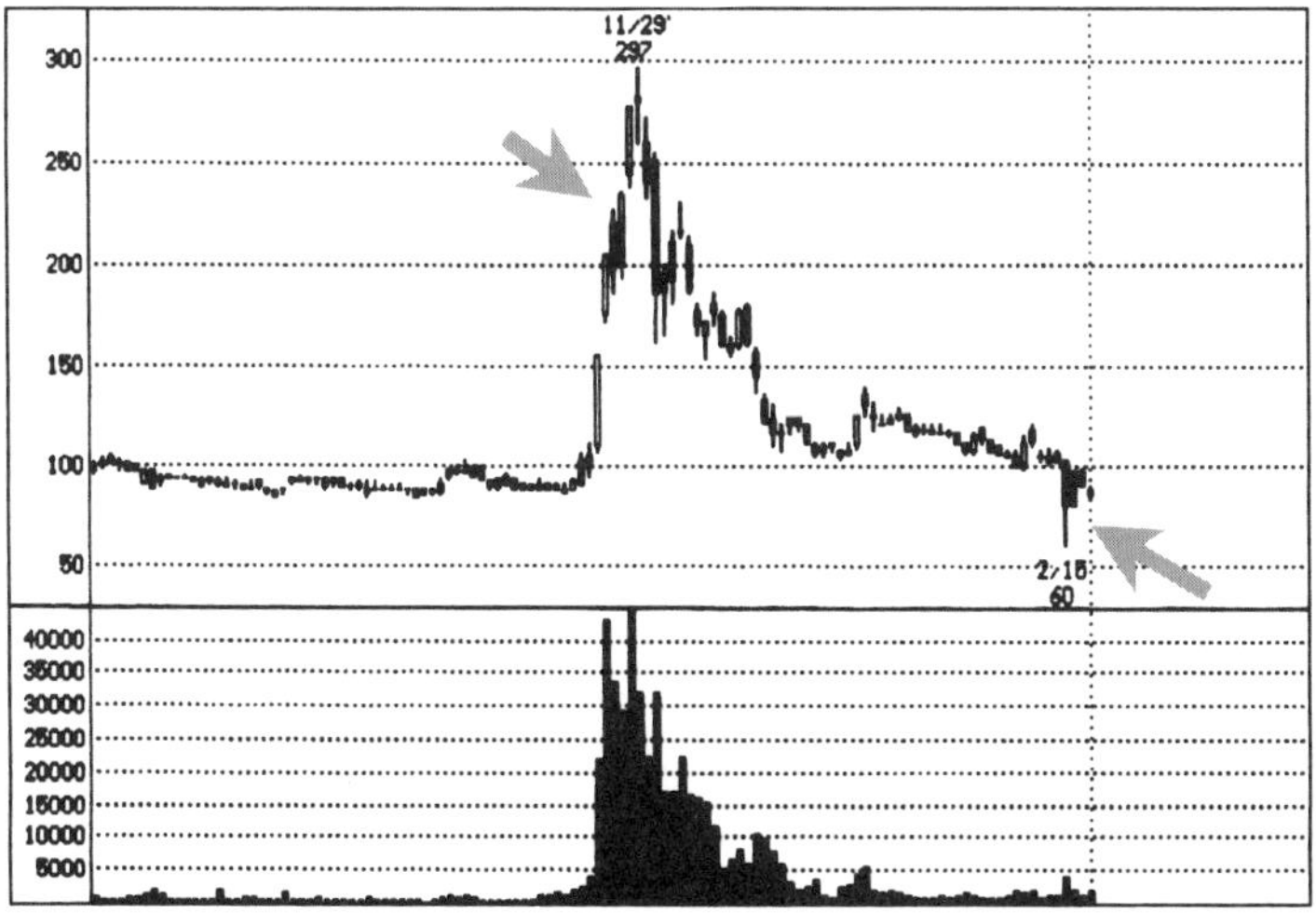
300
250
200
150
100
50
11/29
297
2/15
60
40000
35000
30000
25000
20000
15000
10000
5000

一番天井カラ売り

■"しまった"と思ったが早めに崩れて勝てた例 3

7964 セガ

●出動シグナル	00/1/6	終値 4060円
●出動日	00/1/7	売値 3960円
●信用倍率	9222:14378＝	1.6倍
●その後の高値	00/2/9	4520円(▲14%)
●最安値及び下落率	1530円	62%

この銘柄の「カラ売り」出動は2000年初頭のIT関連株バブルと機を一にしている。大型投信の設定を口実に、「とにかく何でもいいから買え！買え！コール」が隆盛だった頃だ。

売り建ててからはロスカットにもならずトントン近くで推移していたが、1ヶ月後にバブルに巻き込まれて10％のロスカットラインに達した直後、急落。面白いことにこのロスカットラインに到達した2月9日のVチャートを見ると、スタート時と同じようにヨコ長の大四角が現われカラ売り出動シグナルとなっている。ここから新規出動した人、もしくはナンピンした人はその後の急落を丸取りできている。真面目なロスカット派がホゾを噛むのはこんな事例だ。しかしロスカットそのものが吉と出るか凶と出るかはその時点では誰にもわからないこと、というのが相場だ。

7964　セガ

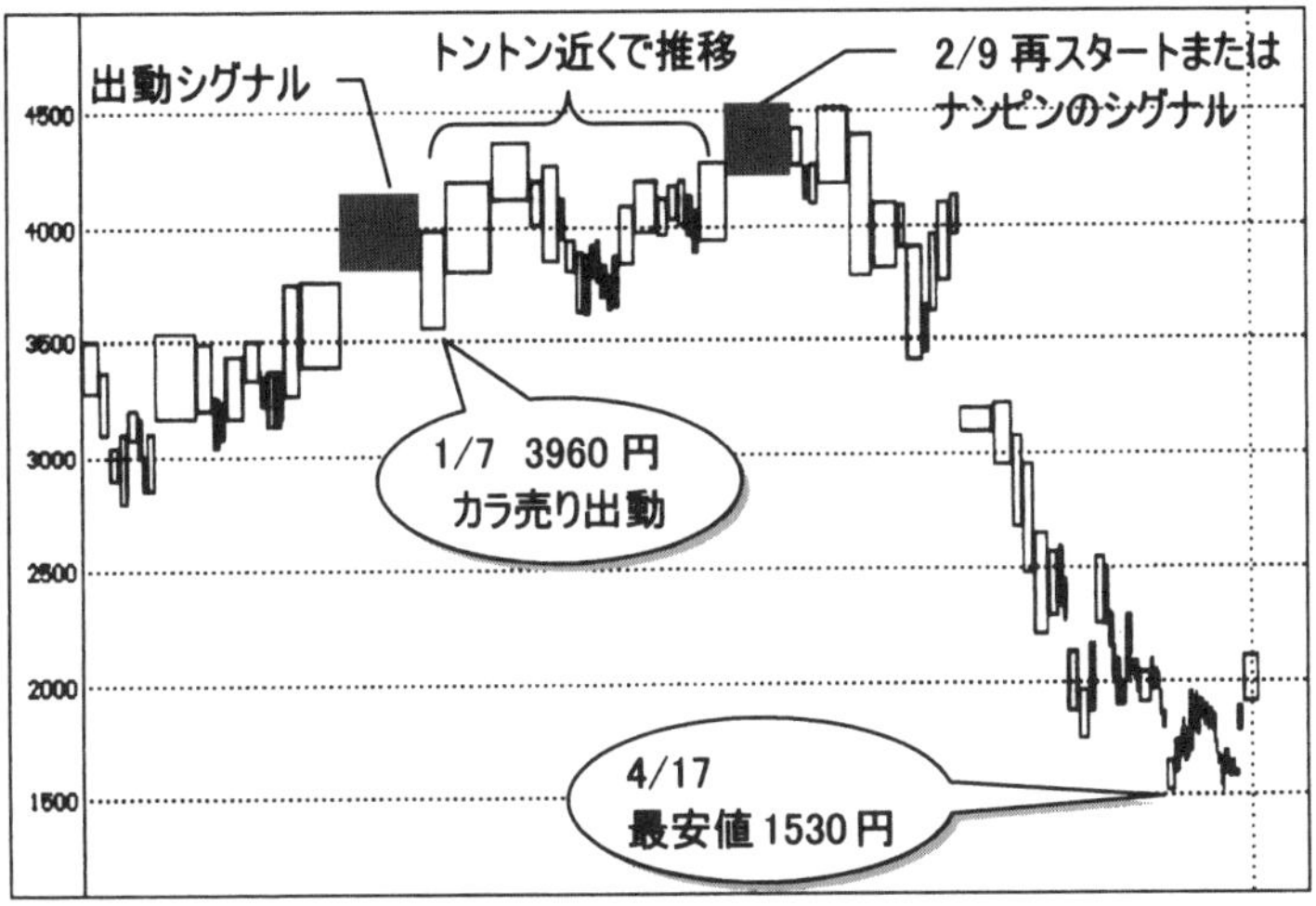
出動シグナル
トントン近くで推移
2/9 再スタートまたは
ナンピンのシグナル
4500
4000
3500
3000
2500
2000
1500
1/7　3960円
カラ売り出動
4/17
最安値1530円

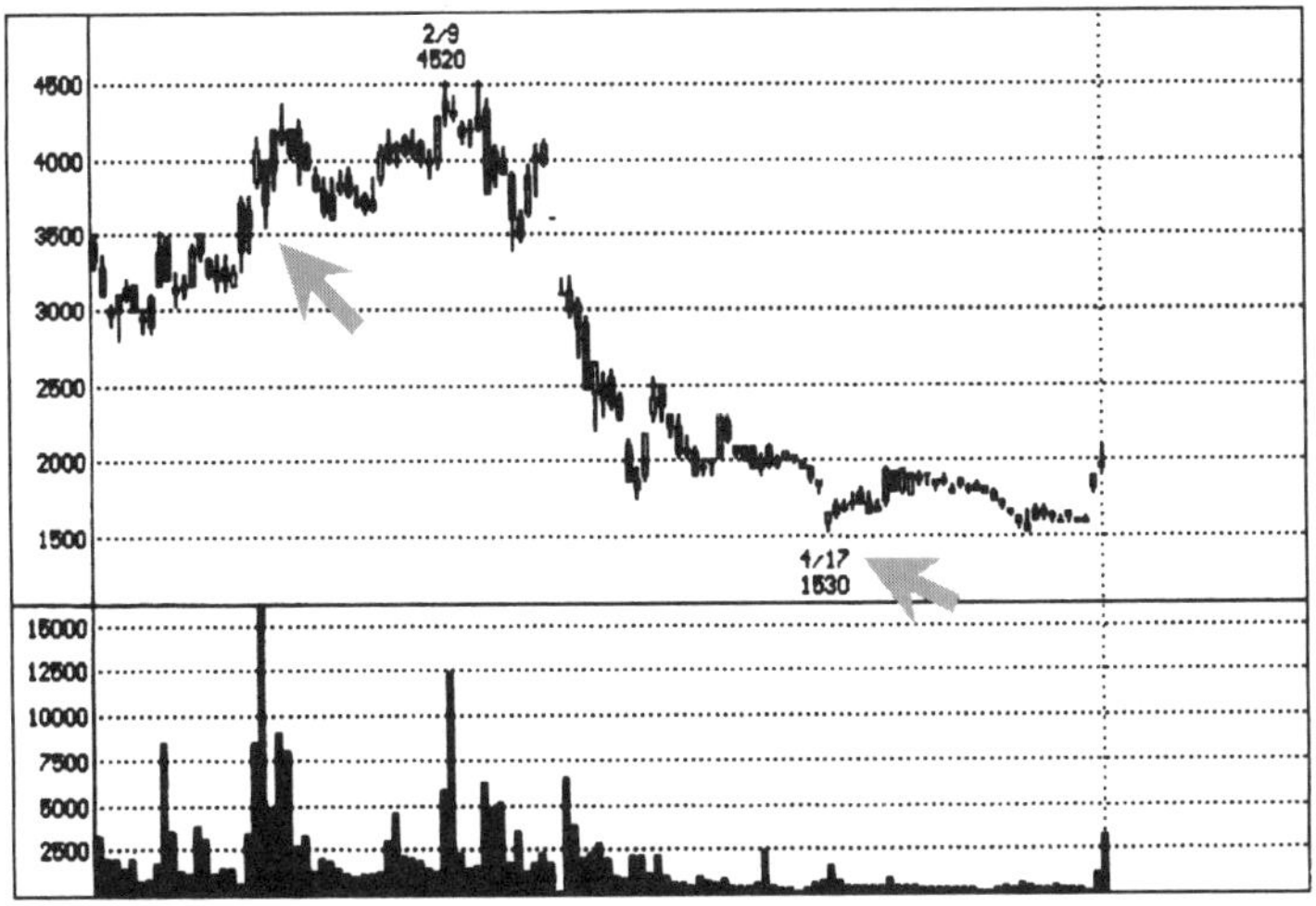
2/9
4520
4500
4000
3500
3000
2500
2000
1500
4/17
1530
15000
12500
10000
7500
5000
2500

一番天井カラ売り

■“しまった”と思ったが早めに崩れて勝てた例　4

2261　明治乳業

●出動シグナル	00/2/17	終値 616円
●出　動　日	00/2/18	売値 626円
●信用倍率	1268:3229＝	2.5倍
●その後の高値	00/3/2	719円(▲14%)
●最安値及び下落率	472円	25%

明治乳業は宝酒造、協和発酵、味の素などと並んでバイオ関連の一角として年初から激しく買われてきた銘柄だった。

２０００年初めはＩＴ関連が微調整にあり、何か他にテーマはないかということで、証券会社主導のバイオ相場となった。明治乳業も例に漏れず急騰し、３月初めには年初の2倍となっている。

２月18日の出動直後は６００円割れまで落ちたものの２月28日には１日で１００円以上急騰し、10％ロスカットラインに達している。しかしその３日後に７１９円の高値をつけてからは下げ続け、４月21日の安値４７２円まで下がり続けた。

2261　明治乳業

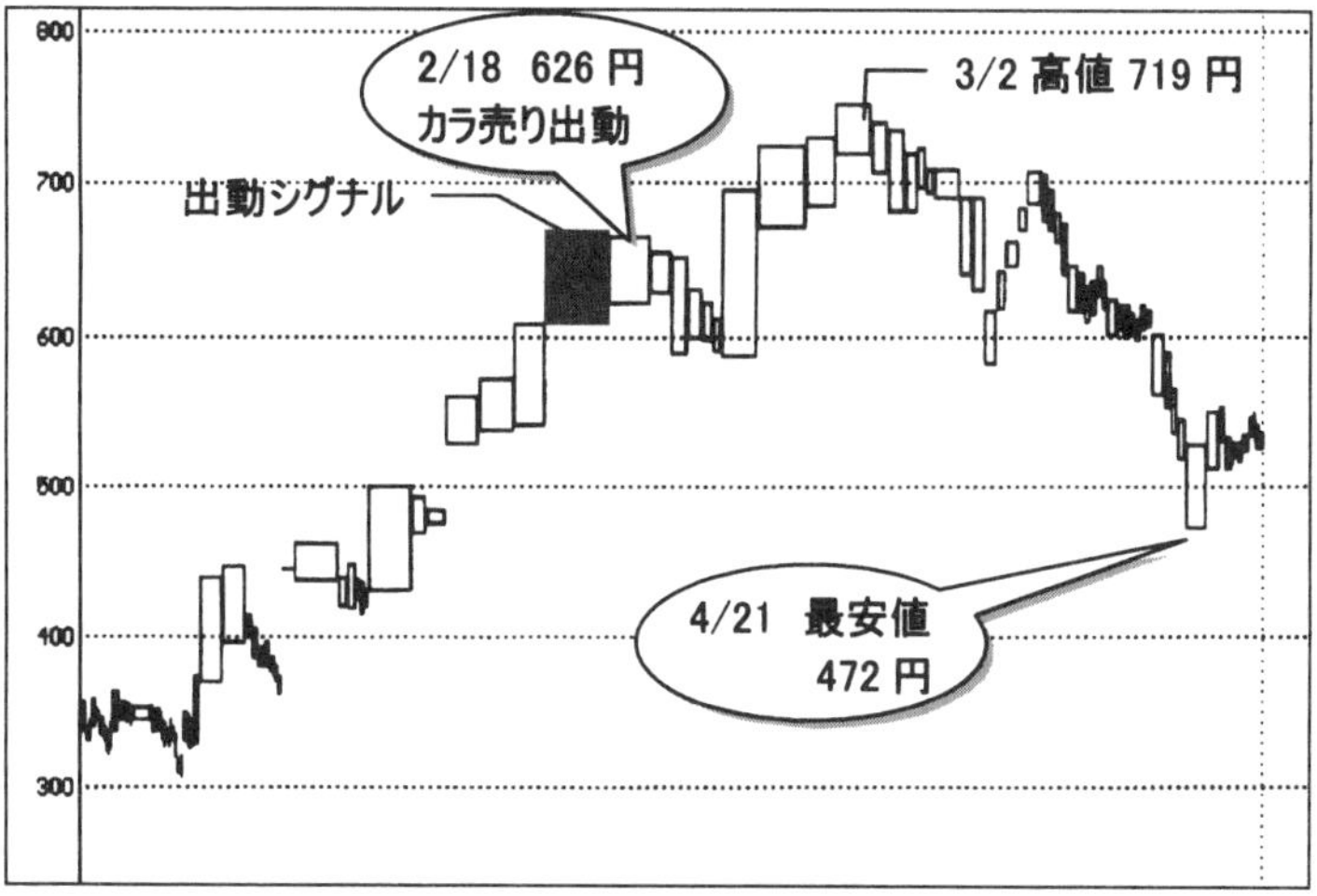
800
700
600
500
400
300
2/18 626円
カラ売り出動
出動シグナル
3/2 高値 719円
4/21 最安値
472円

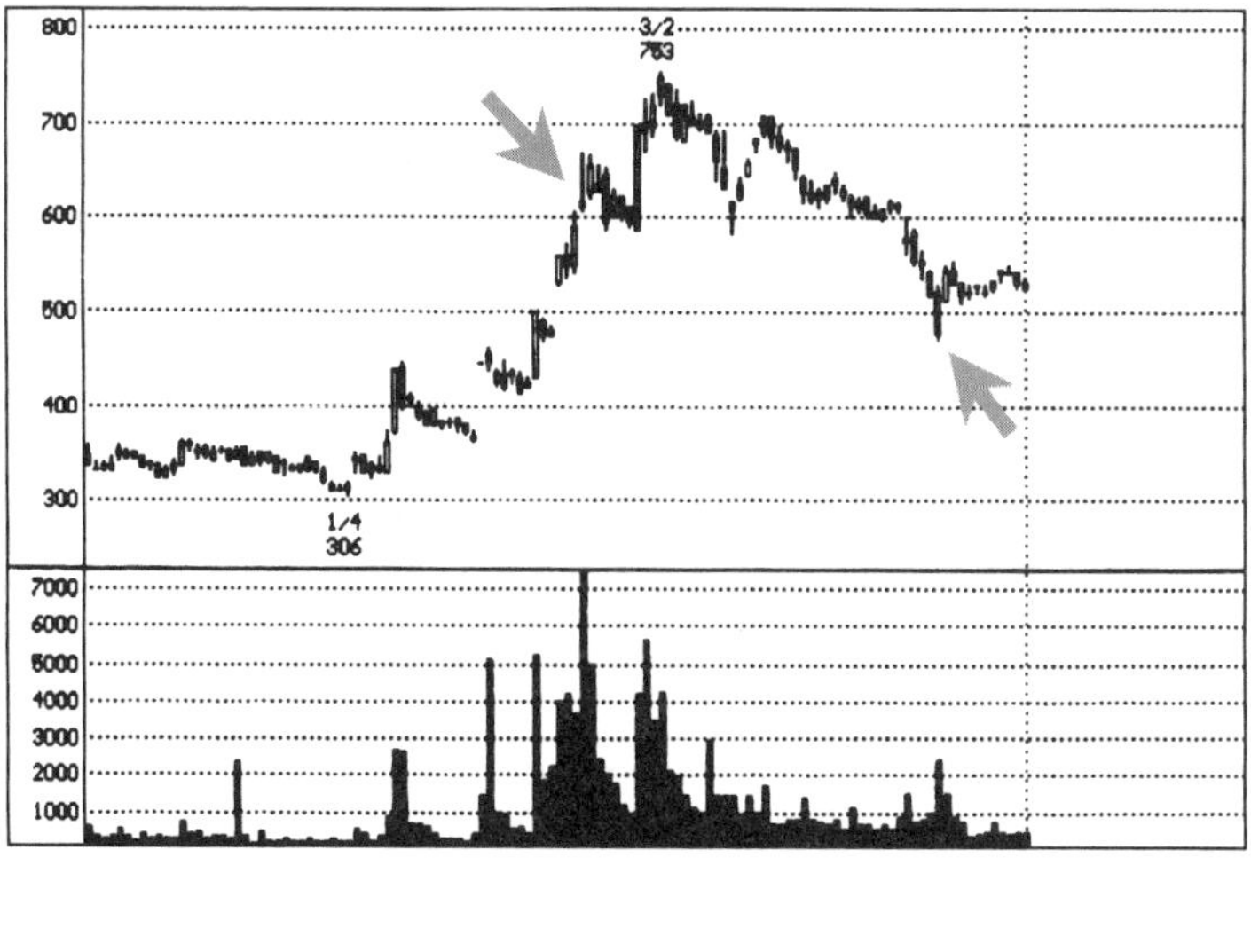
800
700
600
500
400
300
3/2
753
1/4
306
7000
6000
5000
4000
3000
2000
1000

一番天井カラ売り

■トントン様子見はコワ～イ例　1

6436　アマノ

●出動シグナル	00/5/11	終値 927 円
●出　動　日	00/5/12	売値 950 円
●信用倍率	192:664＝	3.5 倍
●その後の高値	00/7/4	1278 円(▲34%)

この銘柄のカラ売りシグナルが出た5月11日頃は、投信を中心に証券ディーラーが機関投資家、個人投資家を巻き込みながら中低位国内株を広く物色するようになった時期である。

ご覧のように出動後も上に4%、下に6%と狭いレンジで20営業日保合った挙句、6月9日に1000円をつけてから高値1278円まで17日間で上昇している。出動後の保合いの間にエネルギーが蓄えられていったようである。

こうした保合いは、「カラ売り」が優勢なときは放置しておいてよいが、前後に出動した銘柄がシコったり、ロスカットが出ていたりしたときは、とりあえず撤退しておくのが上策である。基本的に一番天井「カラ売り」は、できれば1ヶ月以内に決着をつけたい短期決戦の戦術なのである。

6436　アマノ

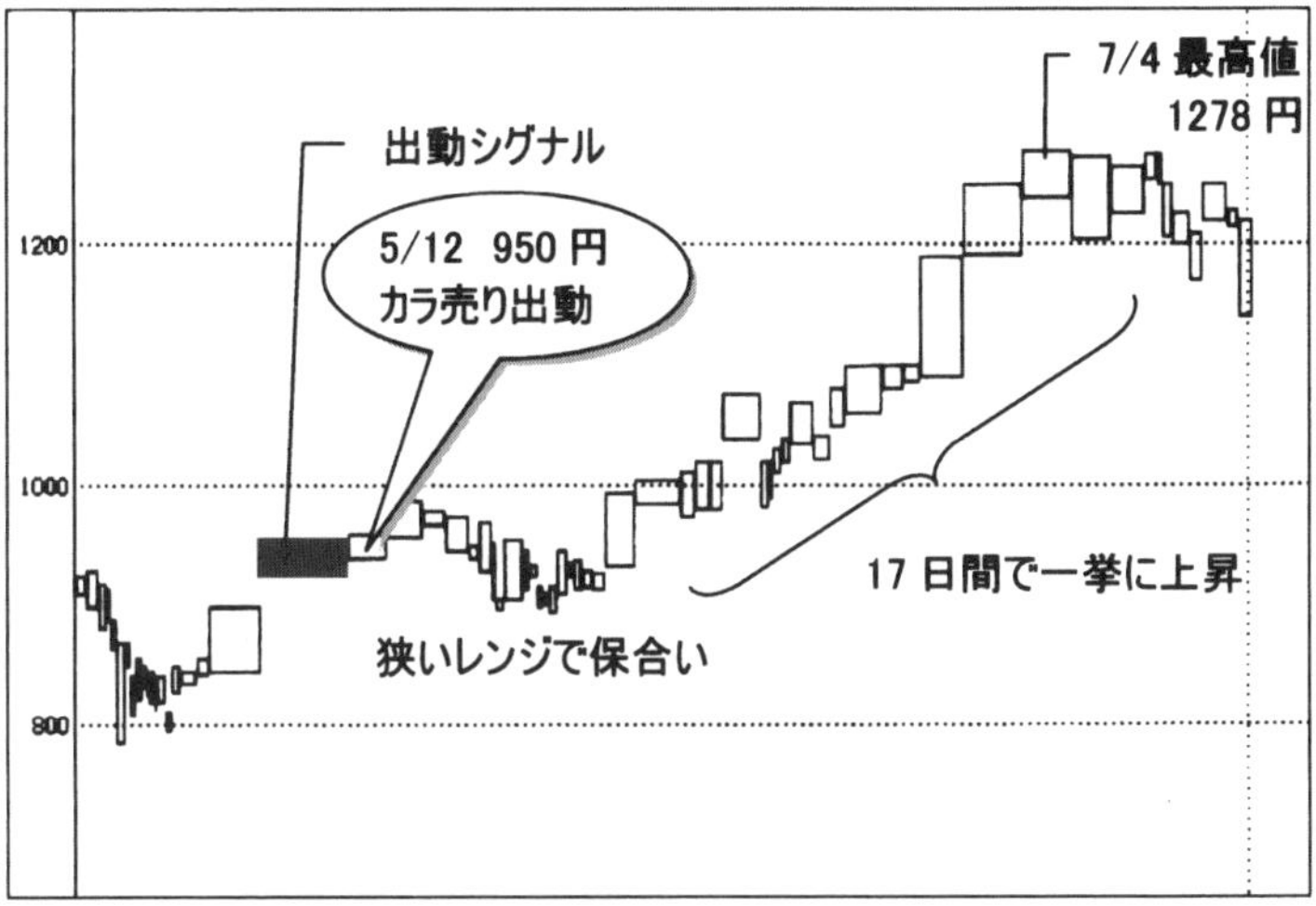
7/4 最高値
1278 円
出動シグナル
5/12 950 円
カラ売り出動
17 日間で一挙に上昇
狭いレンジで保合い
1200
1000
800

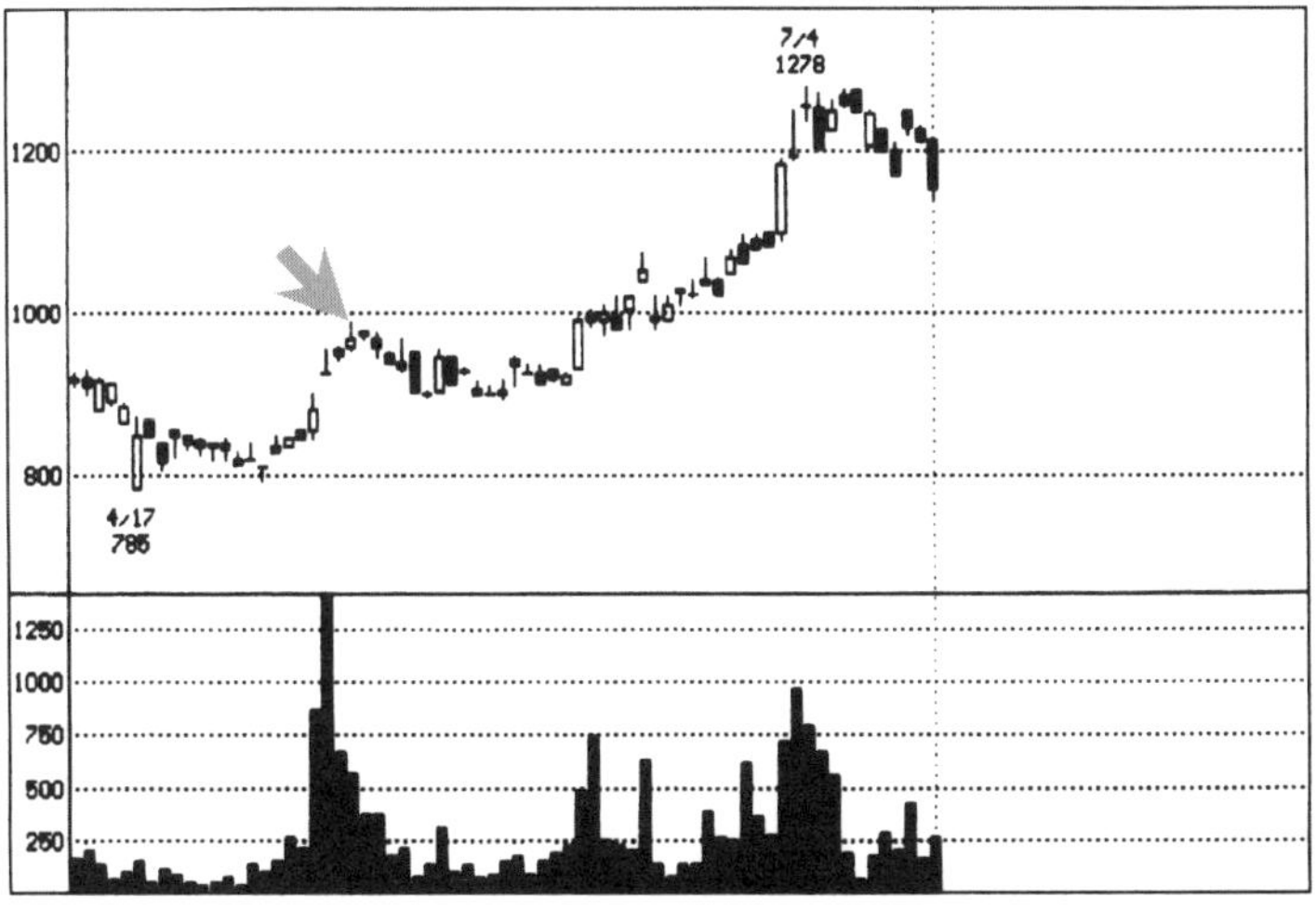
7/4
1278
1200
1000
800
4/17
785
1250
1000
750
500
250

一番天井カラ売り

■トントン様子見はコワ～イ例　2

5803　フジクラ

●出動シグナル　00/6/6　終値 575 円
●出　動　日　00/6/7　売値 563 円
●信用倍率　244:5206＝　21.3 倍
●その後の高値　00/7/11　757 円(▲34%)

フジクラも好業績と国内中低位株物色の波に乗ってしまった銘柄だ。６月７日５６３円でスタートしたがその後はロスカットラインを少しオーバー、そしてすぐに反落し、出動後15日間売り建て値近くで推移している。

これも前例と同様、早めにトントン切りすべきケースである。とくにこの頃になるとカラ売り銘柄は押しなべてはっきりと下げることがなくなり、10％ロスカットラインに達するものがドンドン出てきており、危険が一杯の状態となっていた。

「買い」でも「カラ売り」でもトレーディングにおける様子見はせいぜいカレンダー上で１ヶ月が基本。決着がつきそうでなければ、ちょい負け程度なら撤退の方が得策である。『トントン切りがスッとできるようになれば一人前』は相場上達の常識だ。

5803　フジクラ

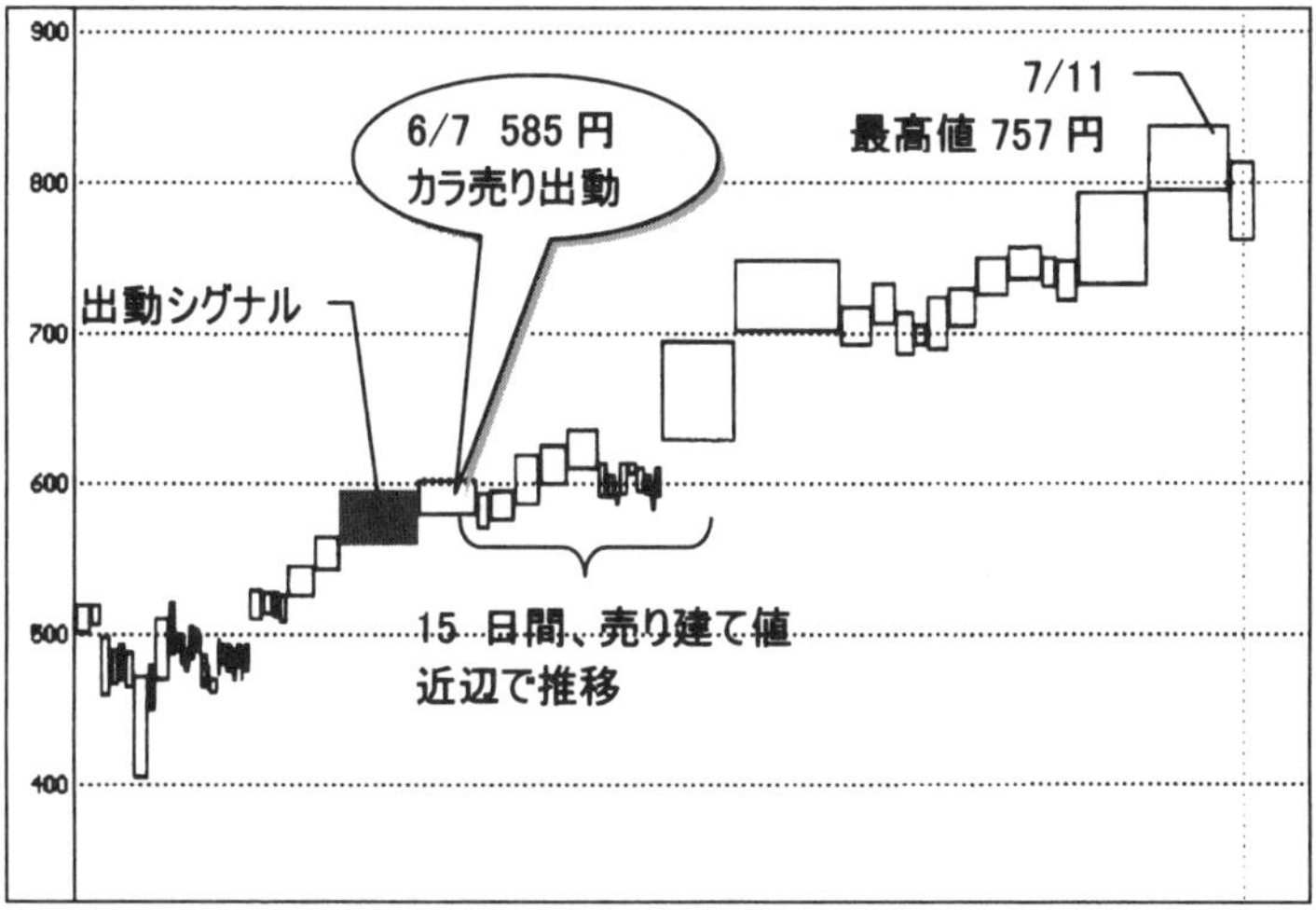
6/7 585円
カラ売り出動
7/11
最高値 757円
出動シグナル
15 日間、売り建て値
近辺で推移
900
800
700
600
500
400

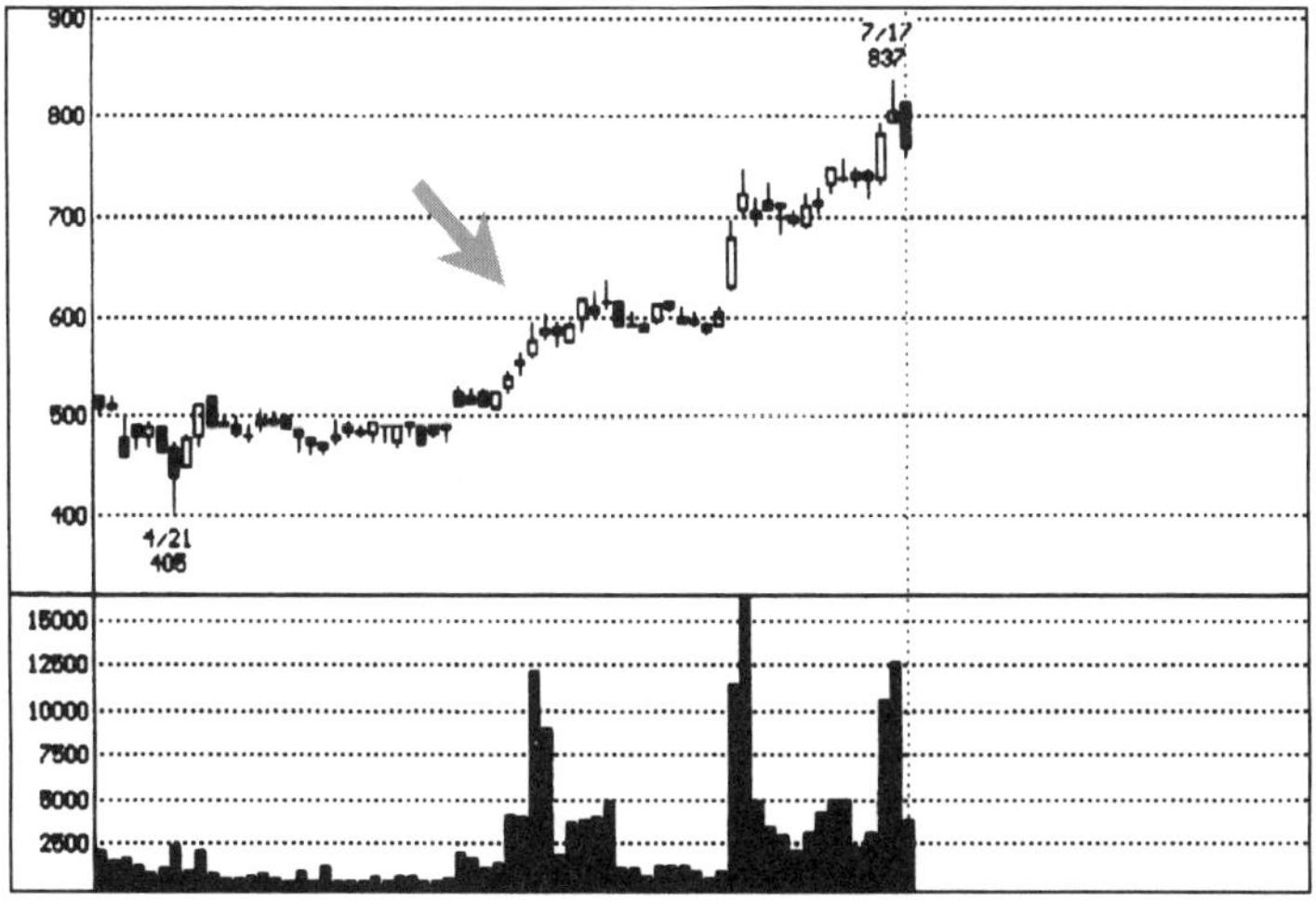
7/17
837
4/21
405
900
800
700
600
500
400
15000
12500
10000
7500
5000
2500

一番天井カラ売り

■あぁおそろしや、株価が2倍、3倍に　事例1

6796　クラリオン

●出動シグナル　99/11/17　終値660円
●出　動　日　99/11/18　売値678円
●信用倍率　1869：11232＝　6.0倍
●その後の高値　99/12/8　967円(▲42%)

99年秋に出現した「カラ売り」銘柄の中でも、とくに屈強な相手となった銘柄だ。もとも仕手性のある銘柄であり、ＩＴ関連へのこじつけ的な理由で急上昇。11月17日の出動後、一直線に上昇し、４日後には早くも10％のロスカットラインをオーバーした。その後も上げ続け、アッという間に40％超えのやられとなった。

12月８日には１０００円一歩手前で急落し、その後は逆に下げの一方通行となり、12月21日には安値６１９円と売値を下回った。こんなときは「あ〜ぁ、よかった」とトントン切りをするのが定石だが、それを守らなかった場合は次の二番天井（２／15　９７０円）で再び同じ高さまで担ぎ上げられることに。

結局期限６ヶ月間で見れば４００円割れまで売られるが、上級者以外は途中の上げで踏み上げられるのが普通のパターンだ。

6796　クラリオン

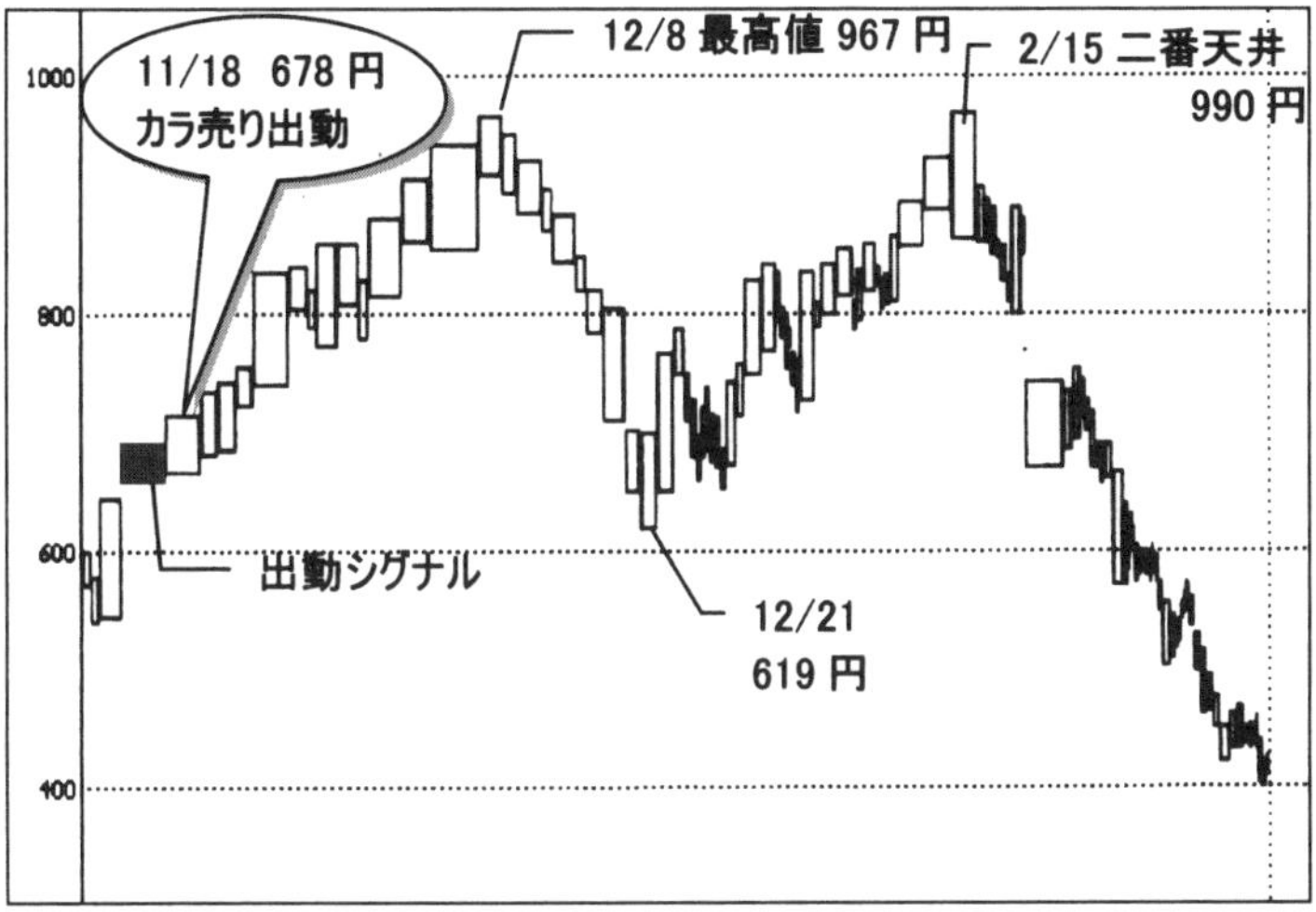

1000
800
600
400
11/18 678円
カラ売り出動
12/8 最高値 967円
2/15 二番天井
990円
出動シグナル
12/21
619円

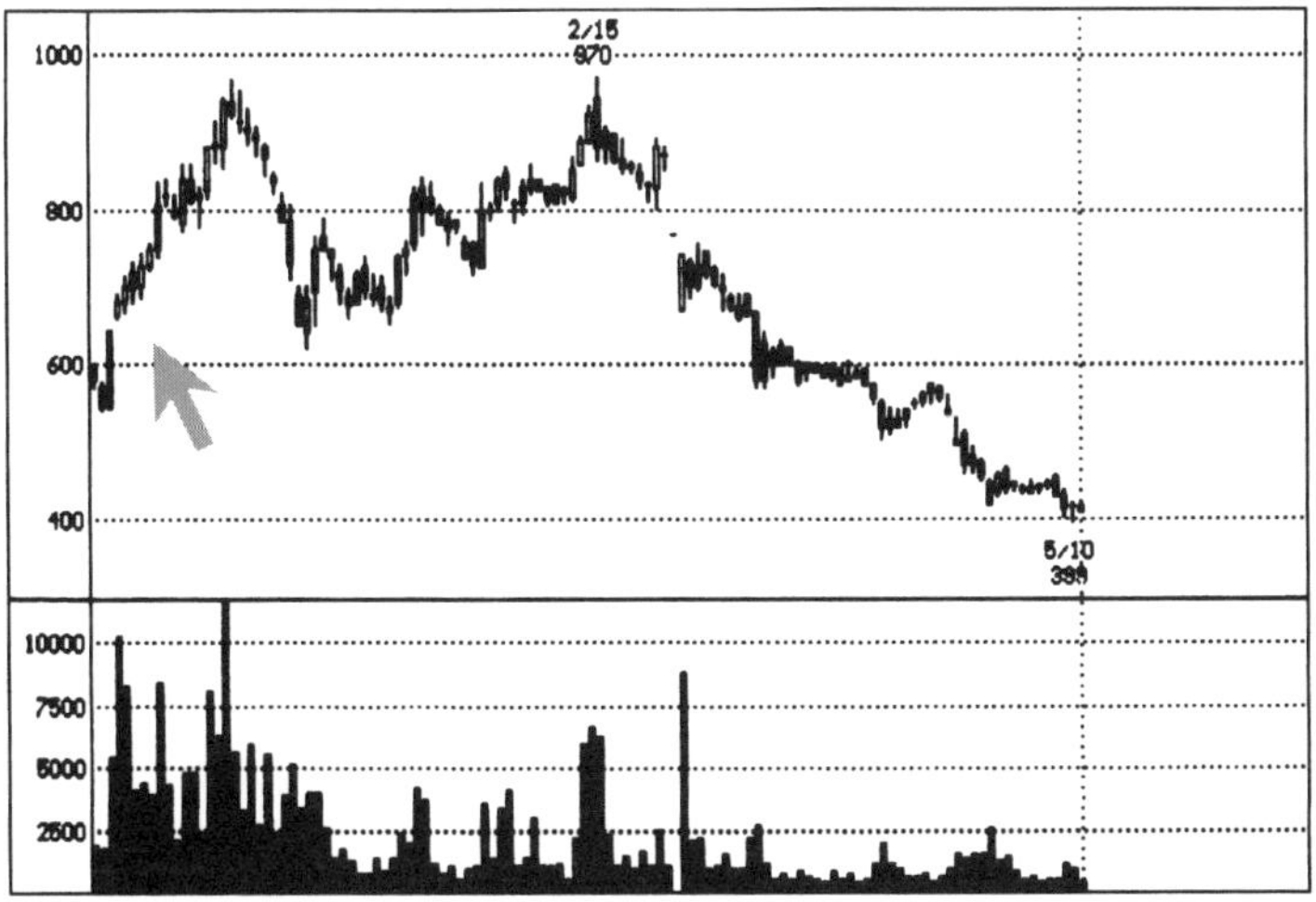

1000
800
600
400
2/15
970
5/10
10000
7500
5000
2500

一番天井カラ売り

■あぁおそろしや、株価が2倍、3倍に　事例2

6101　ツガミ

●出動シグナル　00/1/17　終値403円
●出　動　日　00/1/18　売値399円
●信用倍率　1604:5542＝　3.5倍
●その後の高値　00/4/14　708円(▲75%)

この事例は2000年の中期の相場を象徴する結果となっている。1月18日出動後5日間下げ、安値340円と15％近くの利益が出たが、そこから徐々に切り返し、その後は出来高を減少させながら過熱感もないまま株価だけが急上昇している。

一番天井「カラ売り」で出動直後に調整してからすぐに反発し売値を上回ってくるときは、予想外に強い相場になることが多く、その意味でツガミは2月7日の高値450円が絶対的ロスカットの基準となる。

その後は4月14日の高値708円から反落したが、5月以降の材料株を中心とした中低位国内銘柄物色の中で、500〜600円のボックス圏に入って6ヶ月の期日を迎えることとなった。7月17日寄付き530円、売り方の完敗である。

6101　ツガミ

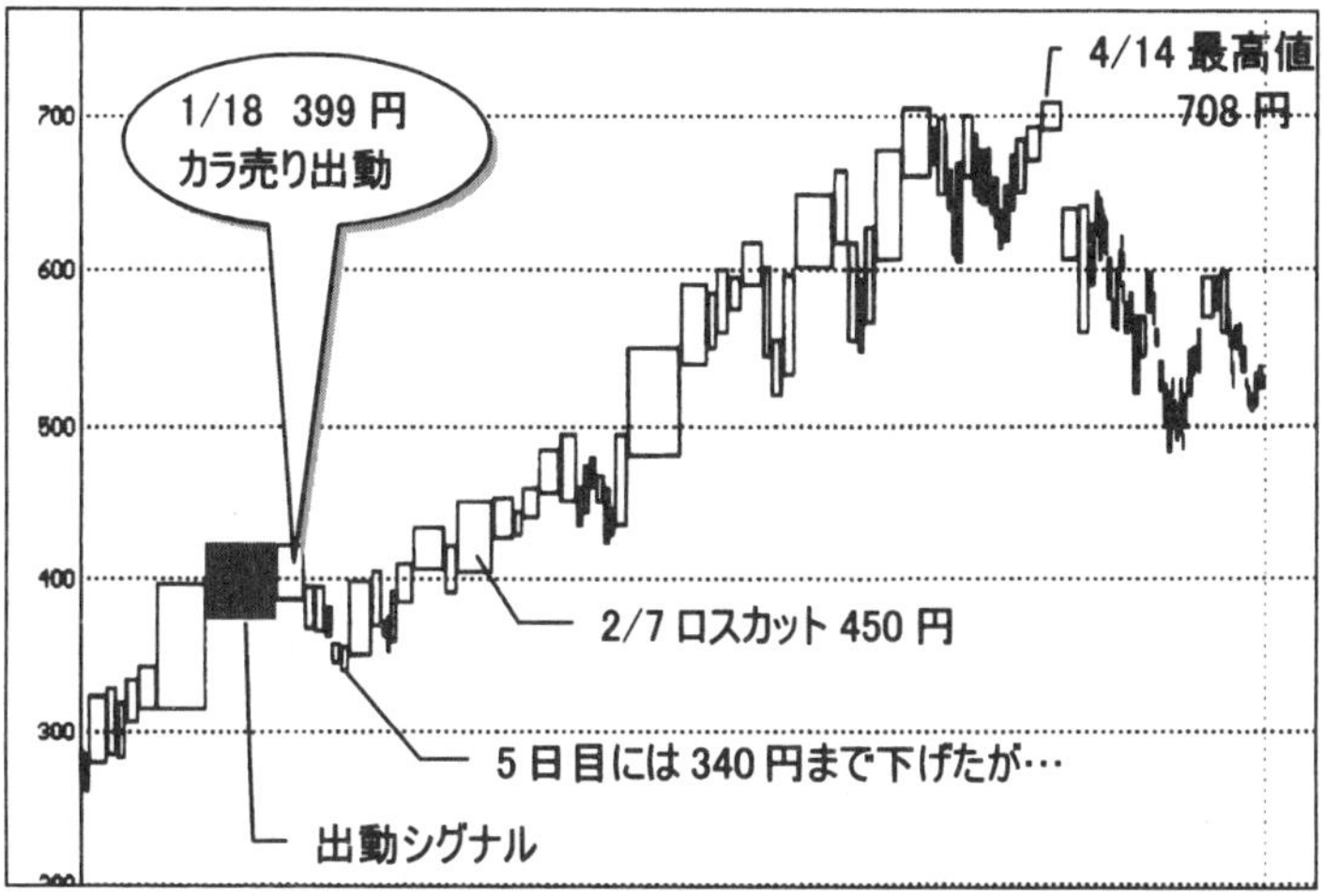
700
600
500
400
300
1/18　399 円
カラ売り出動
4/14 最高値
708 円
2/7 ロスカット 450 円
5 日目には 340 円まで下げたが…
出動シグナル

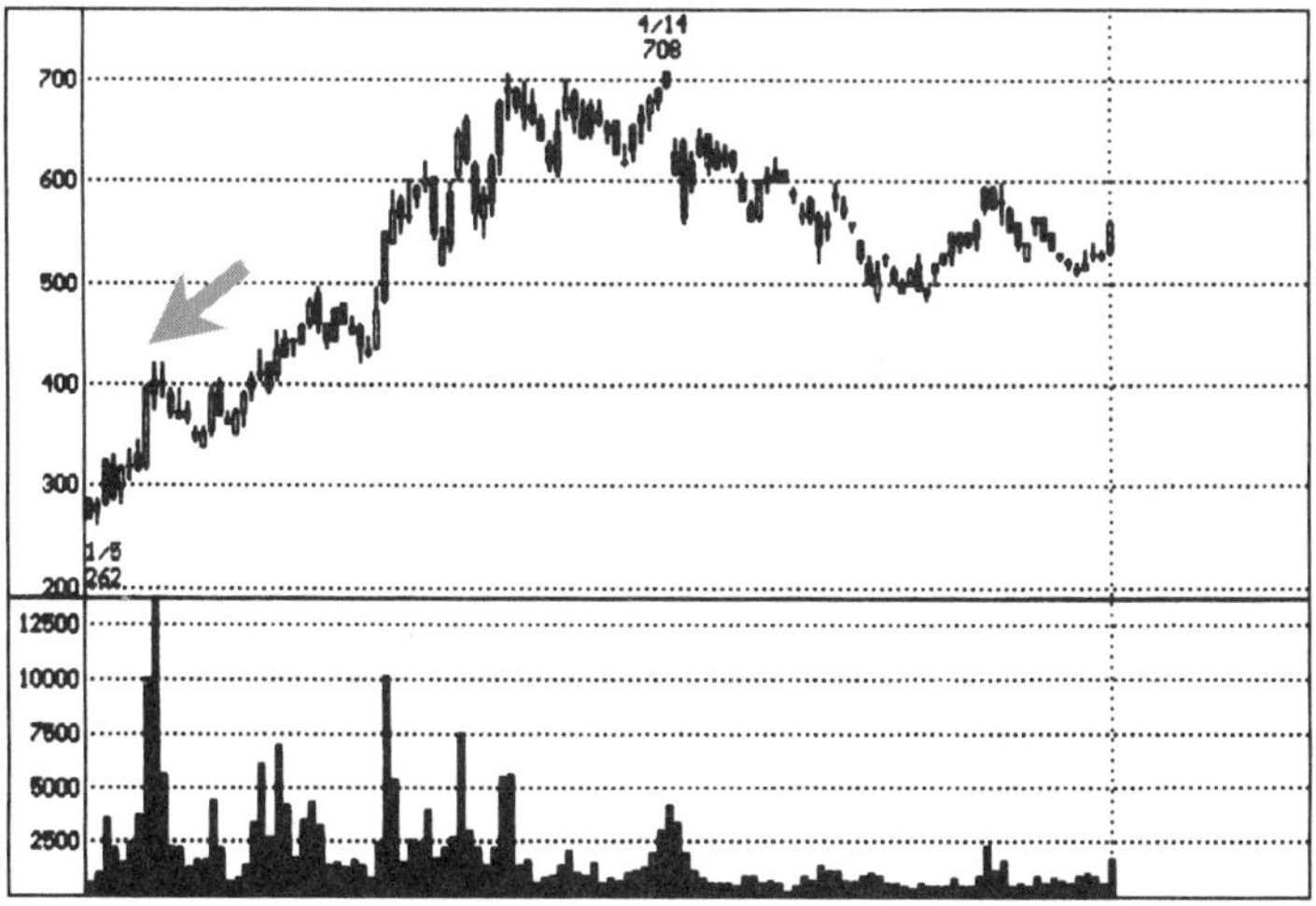
700
600
500
400
300
200
4/14
708
1/5
262
12500
10000
7500
5000
2500

一番天井カラ売り

■あぁおそろしや、株価が2倍、3倍に 事例3

5213 東芝セラミック

●出動シグナル	00/2/25	終値 500円
●出動日	00/2/28	売値 520円
●信用倍率	878:5234＝	6.0倍
●その後の高値	00/7/4	928円(▲78%)

出動後3日目にはすでに10%ロスカットを越える強力な波動となった。こんなケースでは普段ロスカットをしない人でも、トントンで逃げるのが定石だ。

前述のツガミがその後を象徴していた事例とすれば、この東芝セラミックはその後の中低位株上昇の先鞭をつけたといってよい銘柄である。

3月13日に訪れた2回目のトントン切りのチャンス以降、ほぼ一直線に株価は上昇している。ツガミのときも同様だが、出動後3日目に出動時に匹敵する大四角が出現したにもかかわらず、ここから切り替えしてさらに上昇するのは余程の強者である。「強い相手とはケンカをしない」のがカラ売りの定石。これもまた6ヶ月の期日は間近。

5213　東芝セラミック

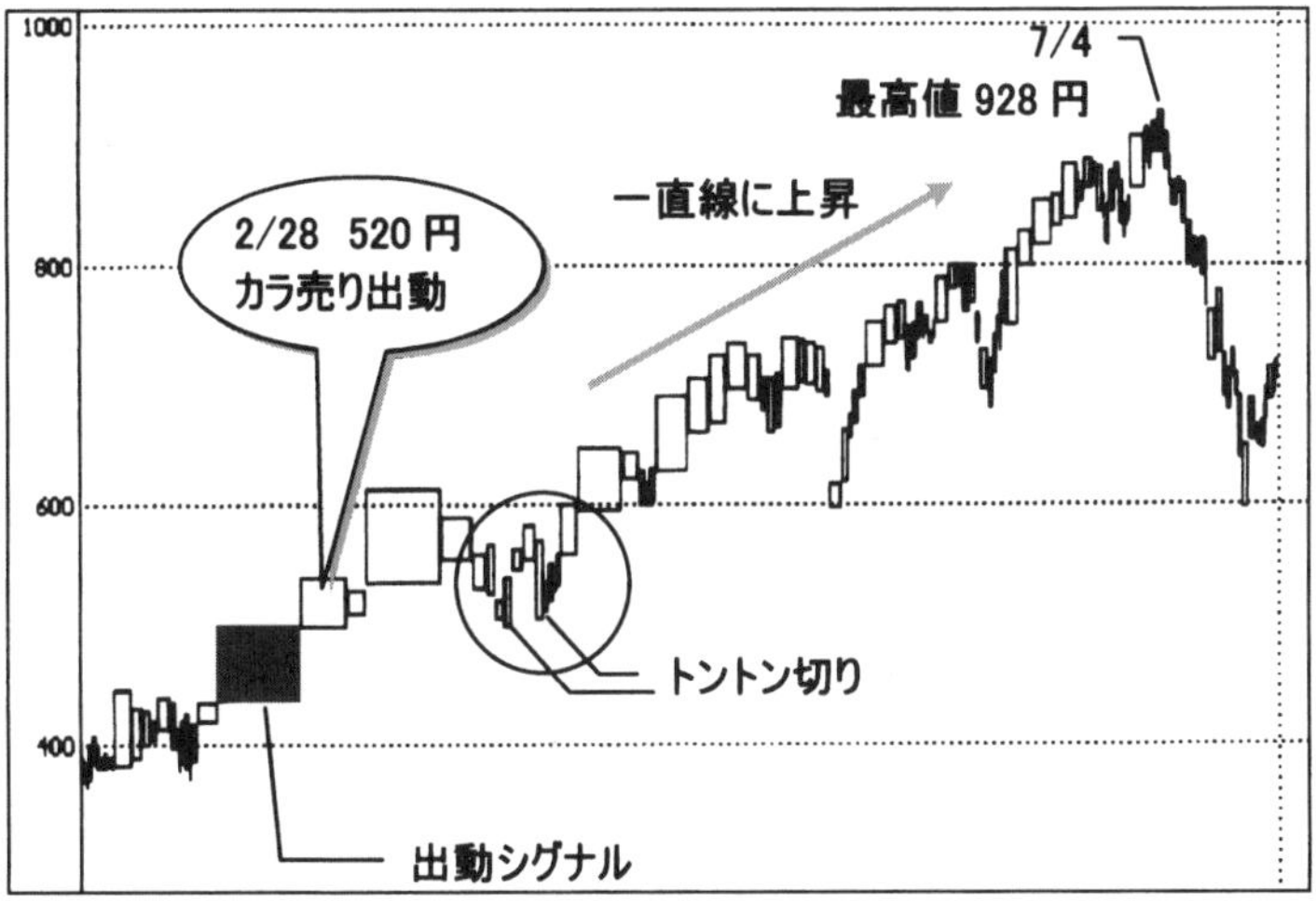

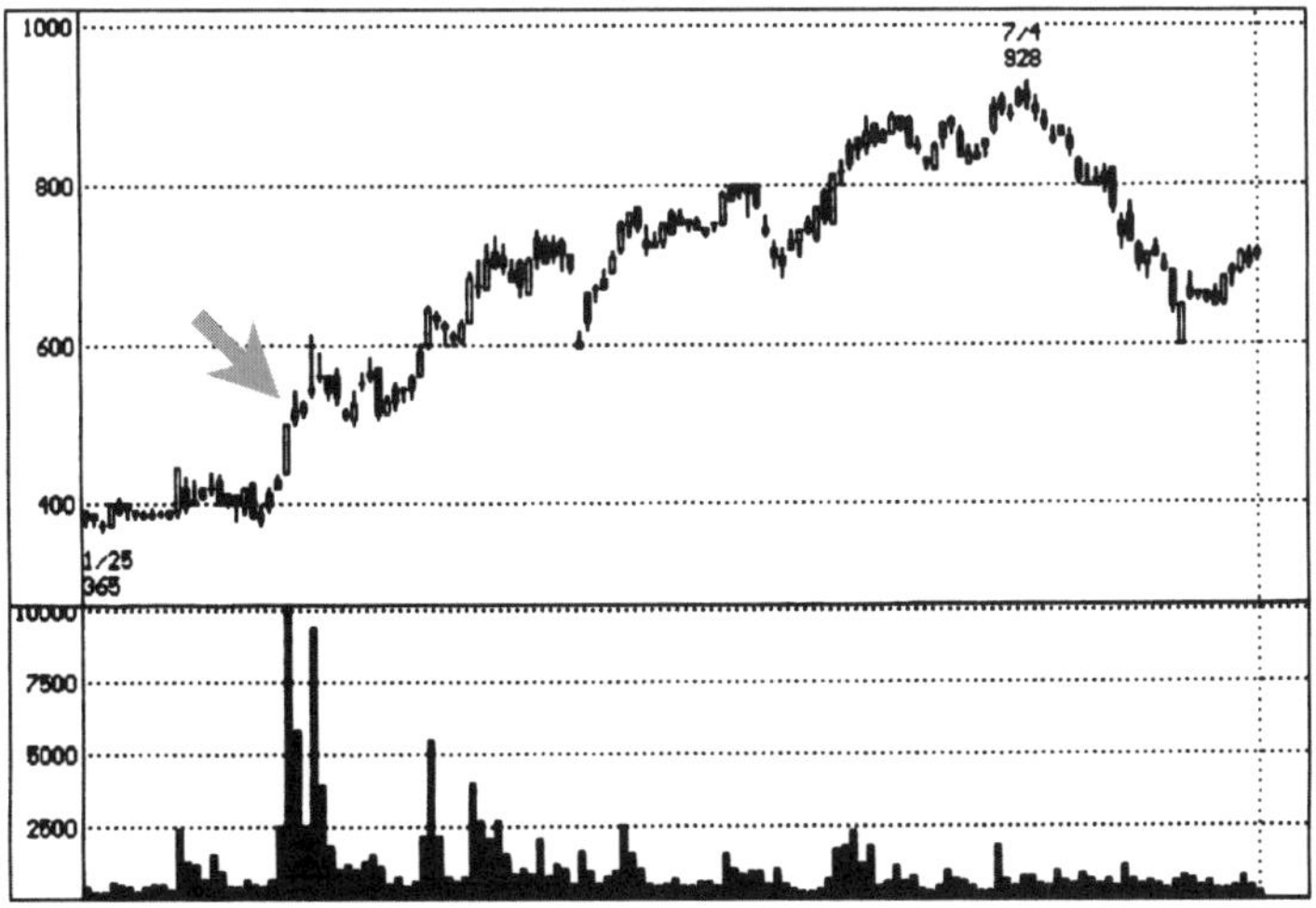

一番天井カラ売り

■あぁおそろしや、株価が2倍、3倍に　事例4

6139　タンガロイ

●出動シグナル	00/4/13	終値 309円
●出　動　日	00/4/14	売値 300円
●信用倍率	9:1930＝	214.4倍
●その後の高値	00/7/12	925円(▲208%)

タンガロイはもともと流動性の少ない仕手系の株であり、２０００年前半に出た「カラ売り」銘柄の中でも最も強い動きを示したケースだ。この銘柄も１８４円から急騰し、70％近く上昇したところで第一回目のカラ売りスタートとなったわけだが、２日間調整した後は切り返して５月９日にはロスカットラインをオーバー。その後はストップ高をつけて翌日には出動時点の倍の出来高を伴って巨大なヨコ長の四角を作っている。この時点ですでに「カラ売り」は▲63％。

しかし本当の怖さはこれからだった。二回目の大四角はナンピンをする人にとっては仕掛けるポイントだったが、ここから安値４４０円を底として急反転、７月12日には９２５円の高値をつけた後急反落。初めの「売り」から3倍、ナンピンでも2倍に担ぎ上げられ10％ロスカットの大切さがよくわかる事例となった。

6139　タンガロイ

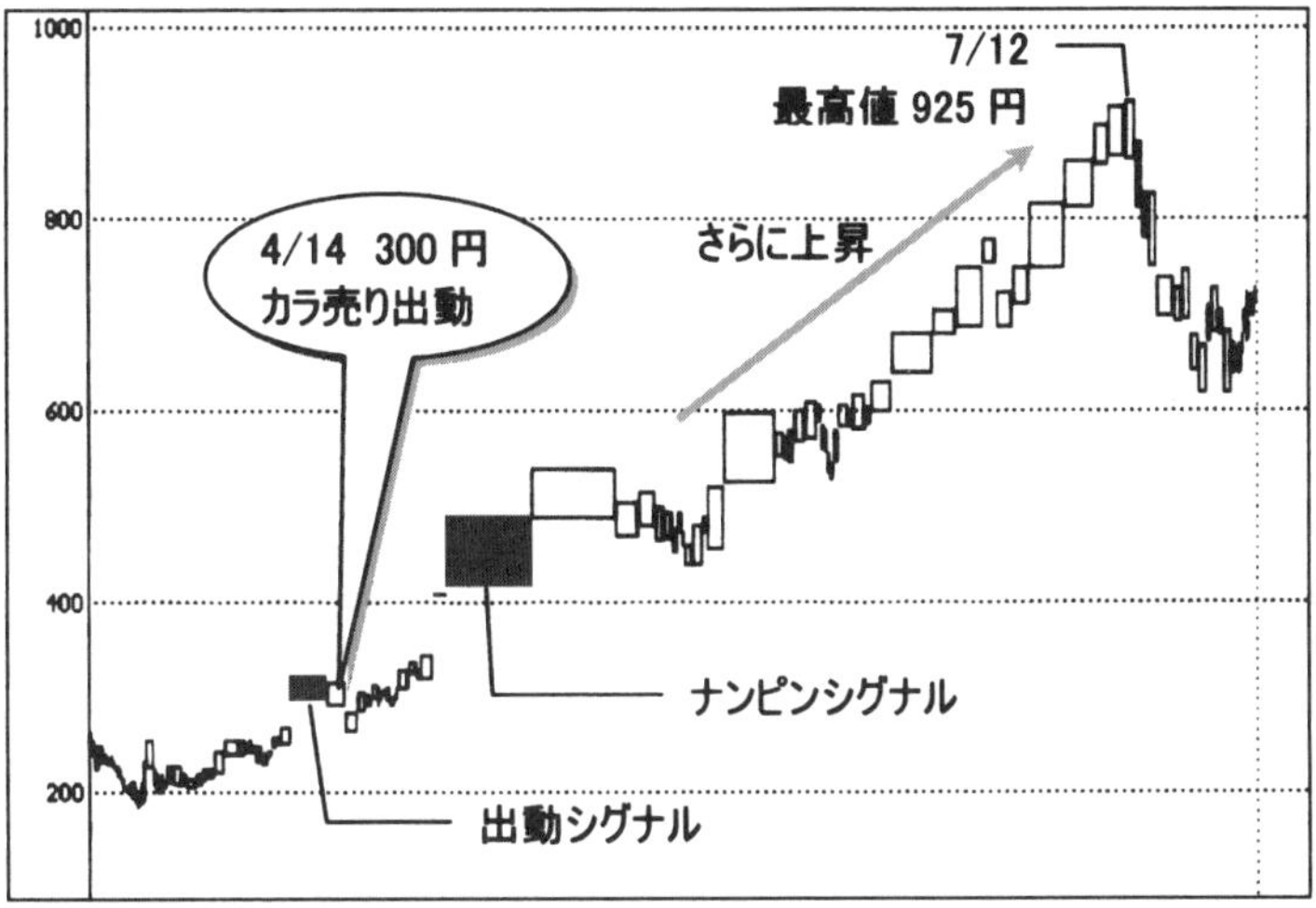
1000
800
600
400
200
7/12
最高値 925 円
さらに上昇
4/14 300 円
カラ売り出動
ナンピンシグナル
出動シグナル

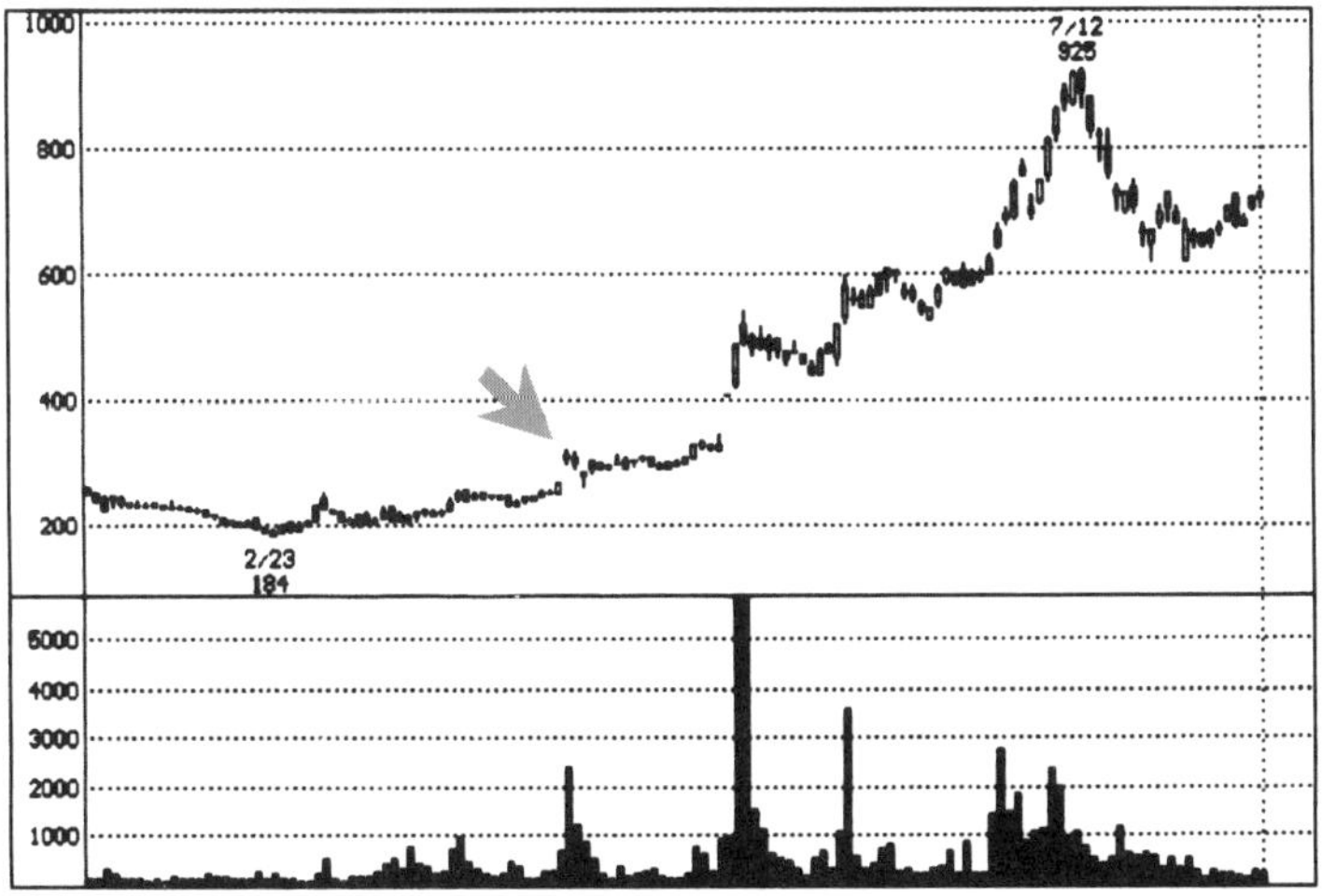
1000
800
600
400
200
7/12
925
2/23
184
5000
4000
3000
2000
1000

第4章
「カラ売り」の投資技術が要求された事例

カラ売りの利喰いの仕方3例
利喰い逃しから急反発・上昇の危険な3例
ナンピンの売り建てノウハウ　3例

「カラ売り」はファンダメンタルズ（経済的諸条件）で行うものではなく、天井圏における「買われすぎ」すなわち主に信用の買いの過剰をターゲットにするものです。つまり株価と出来高の推移を分析することでの100％テクニカルな手法といえます。そのためすべての局面はテクニカルな基準を用いるべきで、単なる人間の相場観や値頃感で行う「カラ売り」はタブーとしなければなりません。

本章では「カラ売り」についての技術ノウハウを必要とする事例を列挙し実践に役立てていただきます。

第一の事例群は利喰いに関するものです。「買い」の利喰いは天井圏での前著『カラ売り入門』で詳述した株価と出来高による半日足のノウハウのように出来高が極大化するポイントを捉えられるので、比較的簡単です。しかし「カラ売り」の利喰いは下降局面で行われるため、出来高が細っており、株価による判定しか方法はありません。

第二の事例群は「買い」における利喰いの失敗が悪性の塩漬け株になるのに似て、「カラ売り」における利喰いの失敗は、その後、大きく踏み上げられる危険があることを呈示してあります。

第三の事例群はナンピンです。ナンピンについては後ほどあらためて詳述しますが、ナンピンがうまくいったケースとリスクが拡大するケースにわけて紹介します。ナンピンもまた株価の値頃感で行うものではなく、出来高や移動平均を利用したテクニカルな基準を持って行うべきことを事例をもとに呈示してあります。

一番天井カラ売り■＜利喰い１＞

利喰いの基本

6641　日新電機

●出動グナル	00/2/14	終値	339円
●出　動　日	00/2/15	売値	340円
●利喰いシグナル	00/4/17	終値	219円
●利喰い	00/4/18	寄付	223円 (35%)

「カラ売り」は後からチャートで見てみるといかにも簡単に利喰いができそうだが、現実には大変難しく、とくに相場を見ているとその動きの激しさに右往左往させられることが多い。

「買い」の利喰いの場合、最大出来高を利用する半日足の利喰いノウハウがあるのに対して、「カラ売り」では下げ過程で出来高が細っていくので出来高面を利喰いの指標にすることはできず、株価の動きだけが目安となる。定石としては、

なだらかな下げの続く下降相場に入ってからの大幅急落の発生の翌日、寄付き成行きで買い戻し

が上策だ。例えばダラダラ下げてきた後、ある日ストップ安があったら、とりあえず翌朝成行きで買い戻すのが定石。元々「カラ売り」は大儲けを狙う戦略ではなく、勝率の高さがメリットである。短期で15％でも20％でもしっかり手にすることが肝要だ。

6641 日新電機

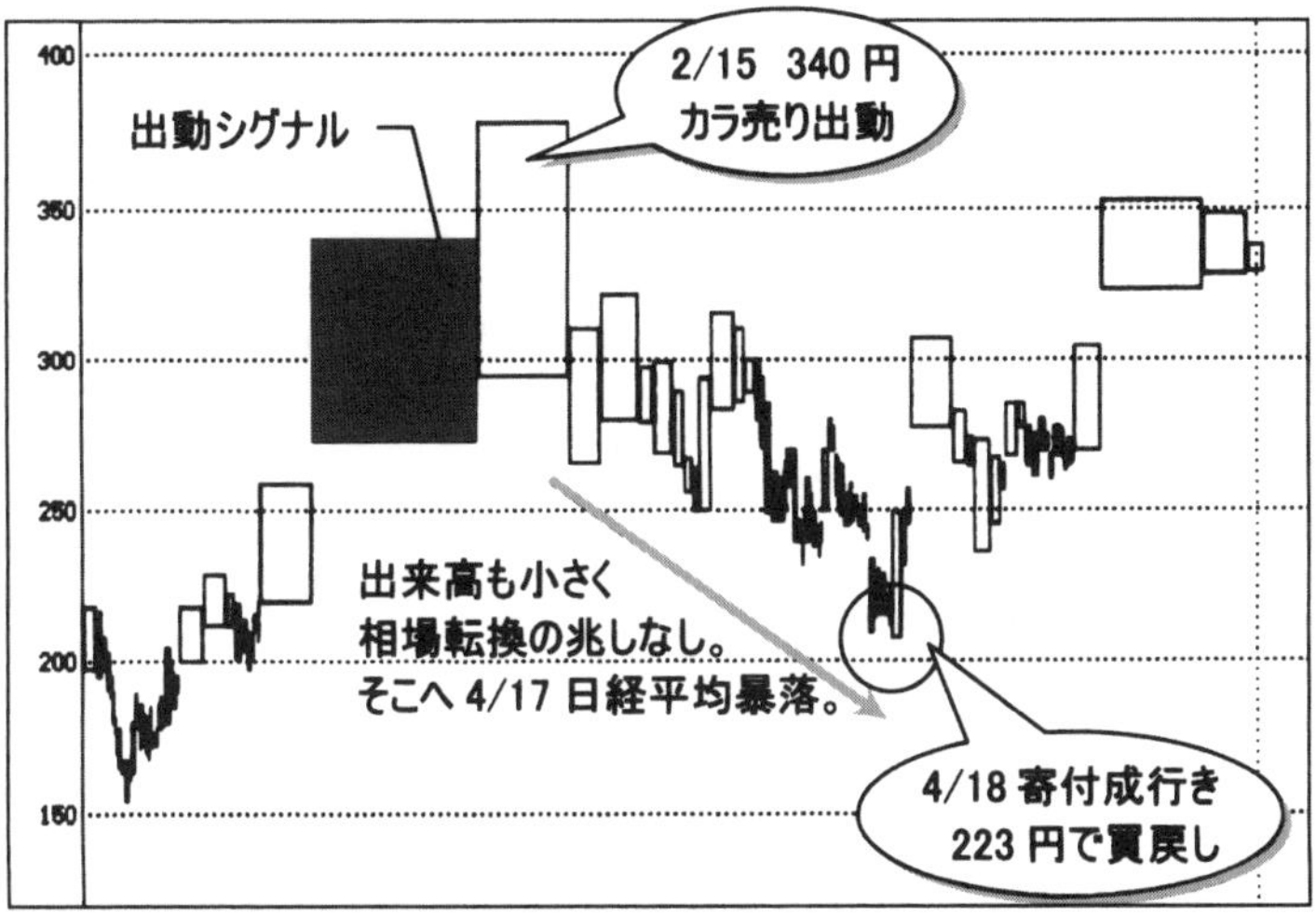
400
350
300
250
200
150
出動シグナル
2/15 340円
カラ売り出動
出来高も小さく
相場転換の兆しなし。
そこへ 4/17 日経平均暴落。
4/18 寄付成行き
223円で買戻し

一番天井カラ売り■<利喰い2>

利喰いポイントはいくつもある

7977　フランスベッド

●出動グナル　99/9/16　終値867円
●出 動 日　99/9/17　売値897円
●利喰いシグナル　A～E　5ヶ所

「カラ売り」の利喰いの実践は大変難しいものだが、ツボにはまった下げ相場のときには何度も利喰いのチャンスが現われる。

前例で述べているように「なだらかな下げが続いた後の大幅急落の翌日」が利喰いのタイミングだとすれば、この事例ではそのタイミングが5回現われている。図を見てもわかるように時間的にも下げ幅からいっても理想的なのはC点であり、大勝ちできるのはE点であることは誰でもわかる。

しかし最も早いA点でも20％、B点で25％、C点で32％、E点で48％となっている。どの時点で利喰いを決断するかは個々の判断となってくる。

7977 フランスベッド

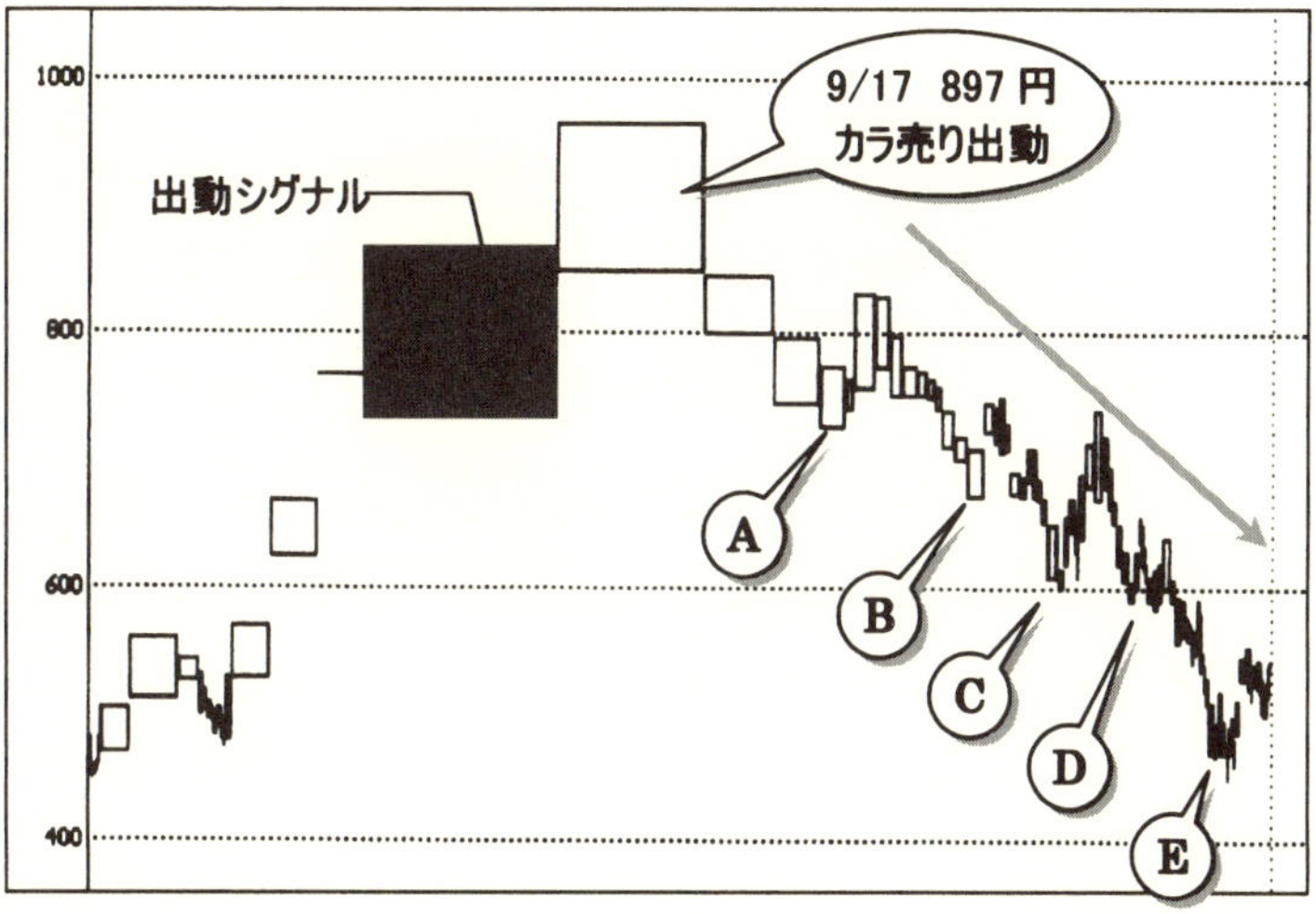

一番天井カラ売り■＜利喰い3＞

出動後、急落！は利喰いを急げ

9005　東急電鉄

●出動シグナル	99/3/10	終値 479 円
●出　動　日	99/3/13	売値 459 円
●利喰いシグナル	99/3/14	安値 365 円
●利喰い	99/3/14	ザラバ　または
	99/3/15	寄付成行き 402 円（13%）

そもそも一番天井「カラ売り」は天井圏における需給の悪化を「株価」と「出来高」によって捉え、それをターゲットとして売り建てるものである。このとき急騰幅が大きく、出来高も大きくなるほどに下げもきつくなる。

また一番天井「カラ売り」は最大出来高のときに生じる買われすぎの反動安を狙うものであるから、短期売買が原則となってくる。経験的に下降のピークは通常は1～2週間以内に安値突込みを伴うので、ここが第一の利喰いポイントとなる。早いときには1～2日で20％近く急落するケースもあり、そんなときには即刻利喰いが鉄則。こうした早いケースではむしろ急落は反転上昇、急騰へのキッカケとなることも多いのでとくに注意を要する。いずれにしても1日で15～20％とれたらラッキーだと思うべきであろう。

9005 東急電鉄

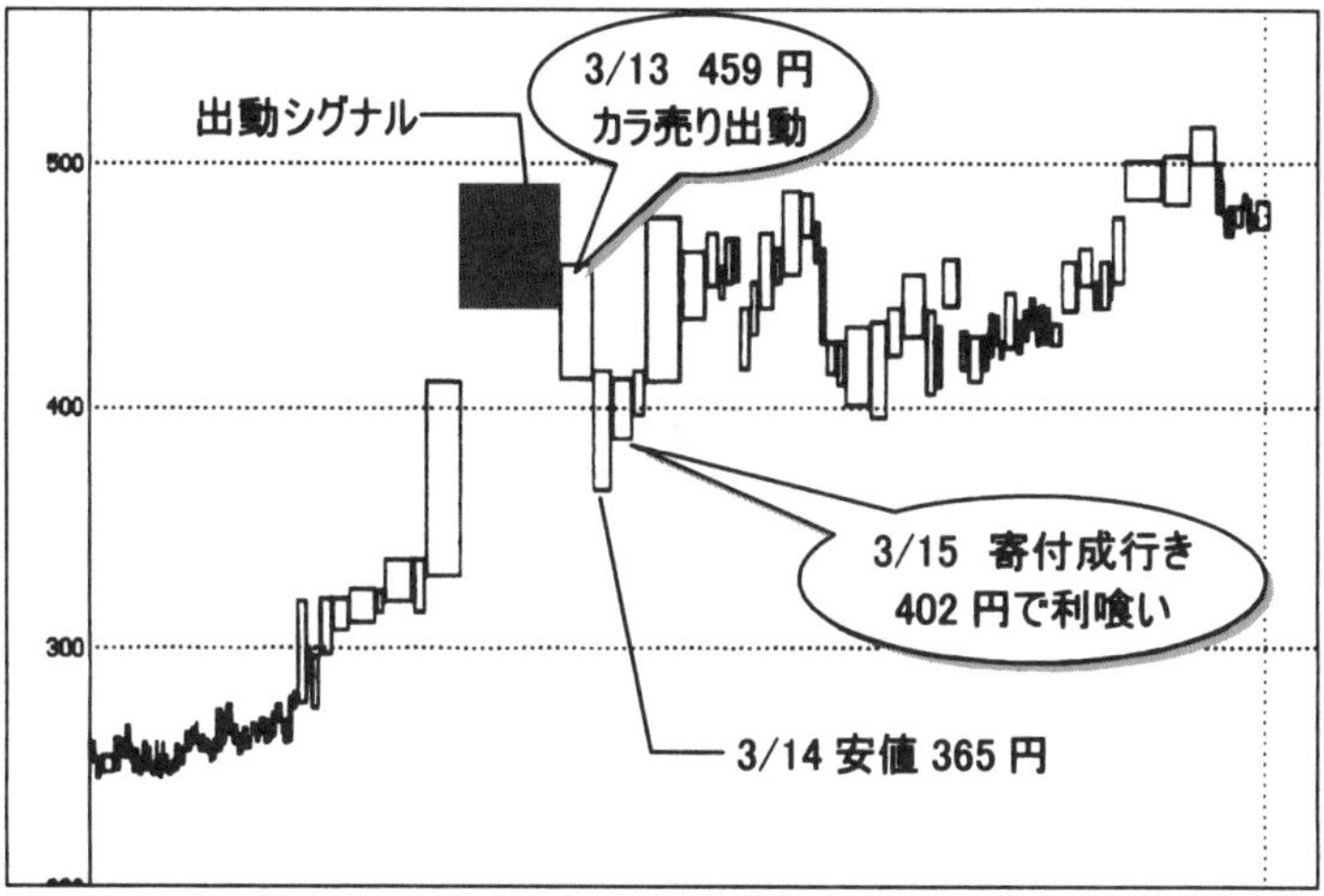

出動シグナル
3/13 459 円
カラ売り出動
500
400
300
3/15 寄付成行き
402 円で利喰い
3/14 安値 365 円

一番天井カラ売り■利喰い逃し 1

強烈な反転上昇に気をつけろ!!

6717 富士通電装

●出動シグナル	99/10/6	終値 2220 円
●出動日	99/10/7	売値 2260 円
●信用倍率	42:1021＝24.3 倍	
●その後の高値	99/11/17	4530 円(▲100%)
●その後の安値	99/10/18	1845 円(+20%)

始まりは順調だった。10月7日出動した富士通電装は、ご覧の様にスイスイ下がり、わずか10日後の18日には安値1845円と20％の下落。誰もが勝利を確信していた。

しかしそこからの反転上昇は強烈なものだった。2日後の10月20日には売り建て値に逆戻り、そして1ヶ月後の11月17日には高値4530円。なんと安値から245％、売り建て値の約2倍。利喰い逃しの人には悪夢のような結果となっている。

こうしたケースでは余程「カラ売り」に上達していないと利喰えないのは当然で、ここでトントンで逃げられる人は「カラ売り」のセンスがあるといえる。逆に10％のロスカットをしない人は要注意である。結果的にこの事例は期日までにはトントン切りが可能だったものの、なんとも恐ろしい銘柄だった。

6717 富士通電装

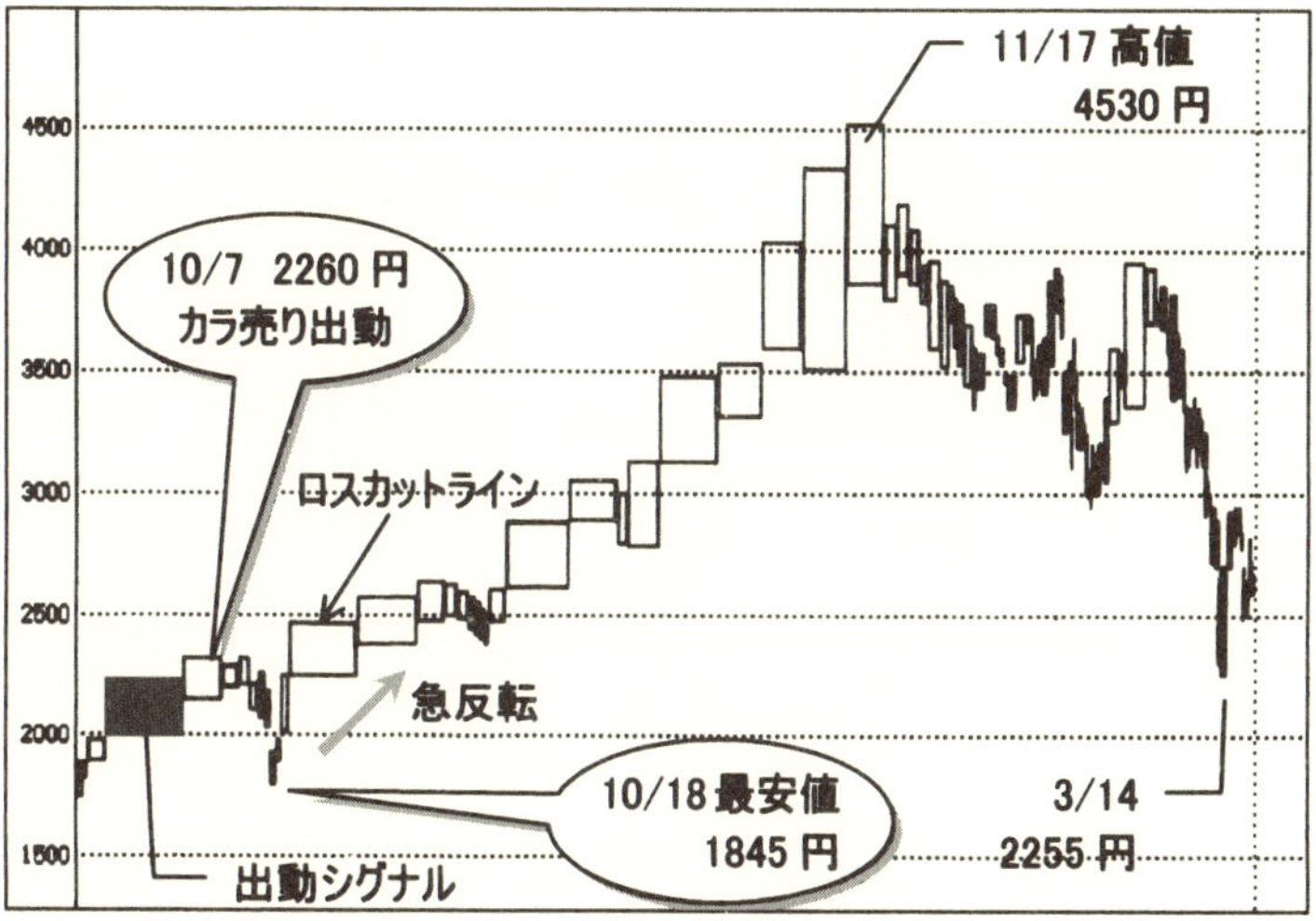
11/17 高値
4530 円
10/7 2260 円
カラ売り出動
ロスカットライン
急反転
10/18 最安値
1845 円
3/14
2255 円
出動シグナル
4500
4000
3500
3000
2500
2000
1500

一番天井カラ売り■利喰い逃し2

“まだまだ、もっともっと”はケガのもと

4206　アイカ工業

●出動シグナル	00/3/2	終値 845円
●出動日	00/3/3	売値 855円
●信用倍率	298:2717＝9.1倍	
●その後の高値	00/7/11	1081円(▲26%)
●その後の安値	00/4/17	670円(+22%)

あまりに順調にいっていると、つい「もう少し、もう少し」と欲が出るものだ。アイカ工業の場合も3月3日寄付き855円と高値寄りで順当に出動。3月13日の安値700円までの下げはご覧の様に大幅な下げとなった。元々、短期勝負の一番天井「カラ売り」では、このような日の翌日には成行き買戻しが定石。

しかしその後、日経平均暴落のあった4月17日には670円まで急落したが、ここでも利喰えない人がいる。「まだまだ、もっともっと」はきりがなく、その内に中段保合いの膠着状態となってしまった。そうこうしている間に6月27日から急騰、売り建て値、ロスカットラインもオーバーすることになった。

利喰い逃しは、逃した未練と撤退の決断の難しさで、「買い」ならば塩漬け株になるところだが、「カラ売り」の塩漬けは禁じ手である。

4206　アイカ工業

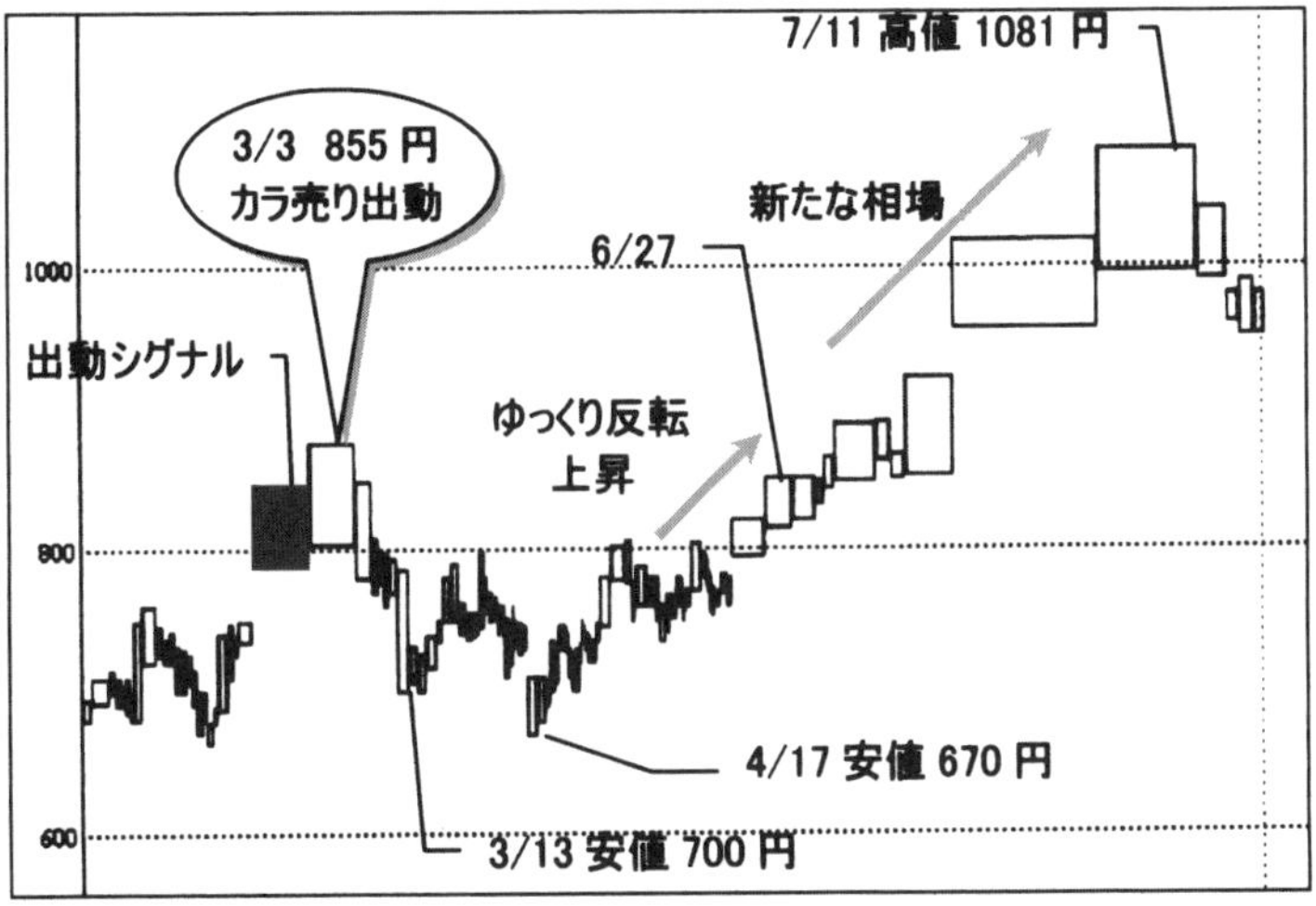
7/11 高値 1081 円
3/3 855 円
カラ売り出動
新たな相場
6/27
1000
出動シグナル
ゆっくり反転
上昇
800
4/17 安値 670 円
600
3/13 安値 700 円

一番天井カラ売り■利喰い逃し3

短期利喰いは千人力

5471　大同特殊鋼

●出動シグナル	00/4/4	終値 212円
●出動日	00/4/5	売値 215円
●信用倍率	282:6249＝22.2倍	
●その後の高値	00/7/25	258円(▲21%)
●その後の安値	00/4/27	163円(+24%)

これ以上ないという一番天井「カラ売り」の典型的成功事例であっても、意外に利喰えない人が多いものだ。この大同特殊鋼は本当に利喰いがしやすいケースだが、それでも見逃してしまう人もいる。まことに残念なことだが何度かの経験を積んでいくしかない。

利喰いを逃してしまった場合の定石は、出動後の高値と安値を和して2で割った値段が決断の基準となる。この図でいえば4月5日の高値221円と4月27日の安値163円の半値、つまり193円が利喰いの限界である。半値でも10％の利があるわけでこのポイントを1円でも超えたら即刻利喰うのが定石である。

口惜しい気持ちは誰しも同じだが、この事例のようにその後に待ち構える恐ろしい上昇は、出動時を大きく上回る5月16日の大出来高からもわかる。定石は、資産を守ってくれるルールである。

5471 大同特殊鋼

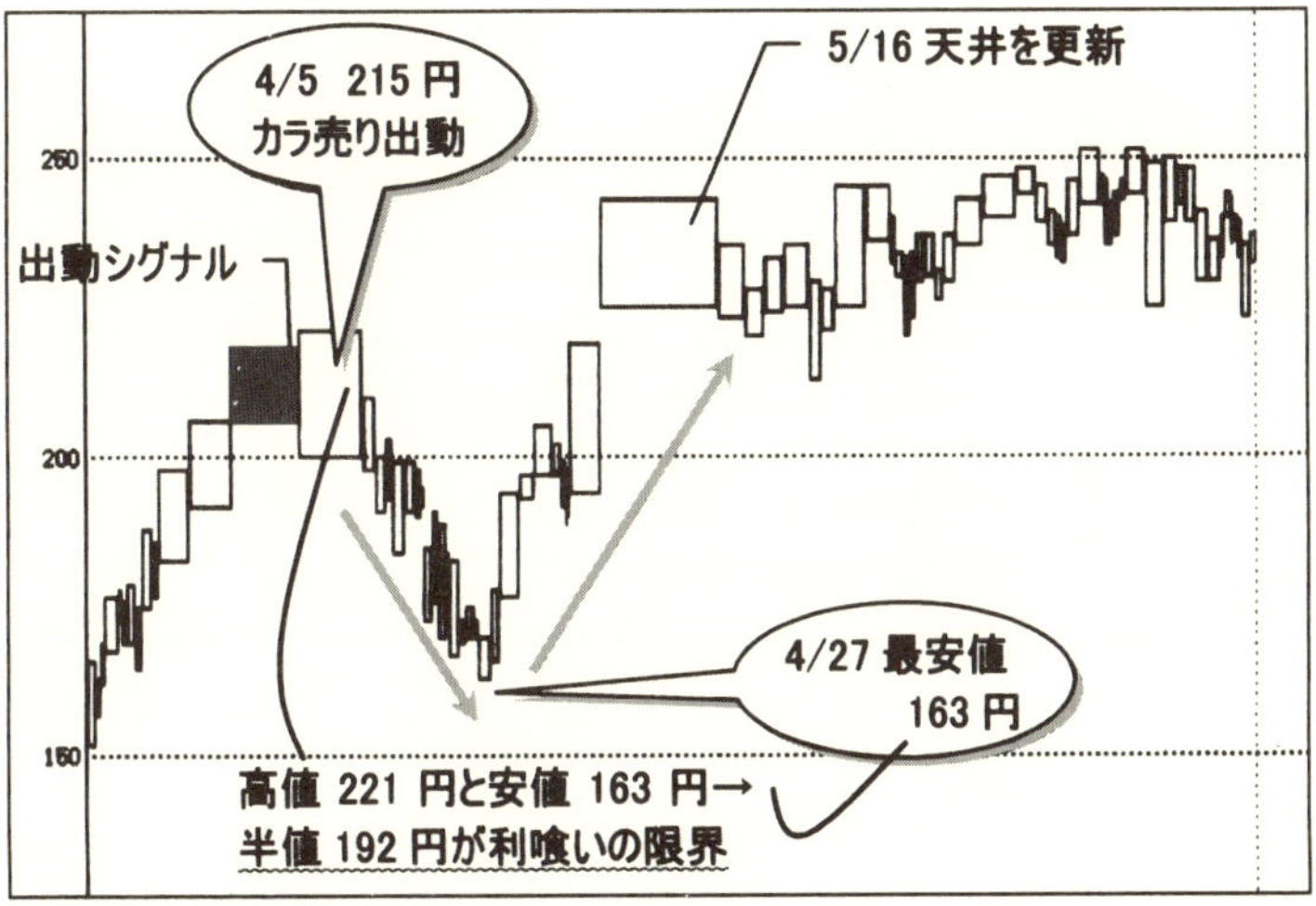

4/5 215円
カラ売り出動
5/16 天井を更新
出動シグナル
250
200
150
4/27 最安値
163円
高値 221円と安値 163円→
半値 192円が利喰いの限界

ナンピンの売り建て成功例　1

8166　タカキュー

●出動日	00/1/20	売値	295円
●ナンピンシグナル	00/1/25	終値	351円
●ナンピン出動	00/1/26	売値	370円
●トントン切り目標値			332円
●その後の高値	00/2/15		495円
●その後の安値	00/5/29		145円

1月20日に寄付き295円でスタートしたが、そのまま担ぎ上げられ、わずか4日後に1．5倍の大出来高となりナンピン出動。ナンピンは本来するべきものではないが、実践する際には次の条件がある。

①カラ売り上級者であること。
②資金にゆとりがあること。
③トントン切りをすること。
（＝指値で待ち構えてトントンで逃げ切る）

ナンピンを仕掛けるポイントは出来高を目安にするか、下り坂の入り口で行うものである。結局5日目に331円があり、ナンピンによるトントン脱出は成功。その後303円まで下がり、反転して高値495円まで上昇、さらに反落して172円の安値まであったが、ナンピンはあくまでトントンで逃げるための最後の手であり、勝つための手段ではない。

8166 タカキュー

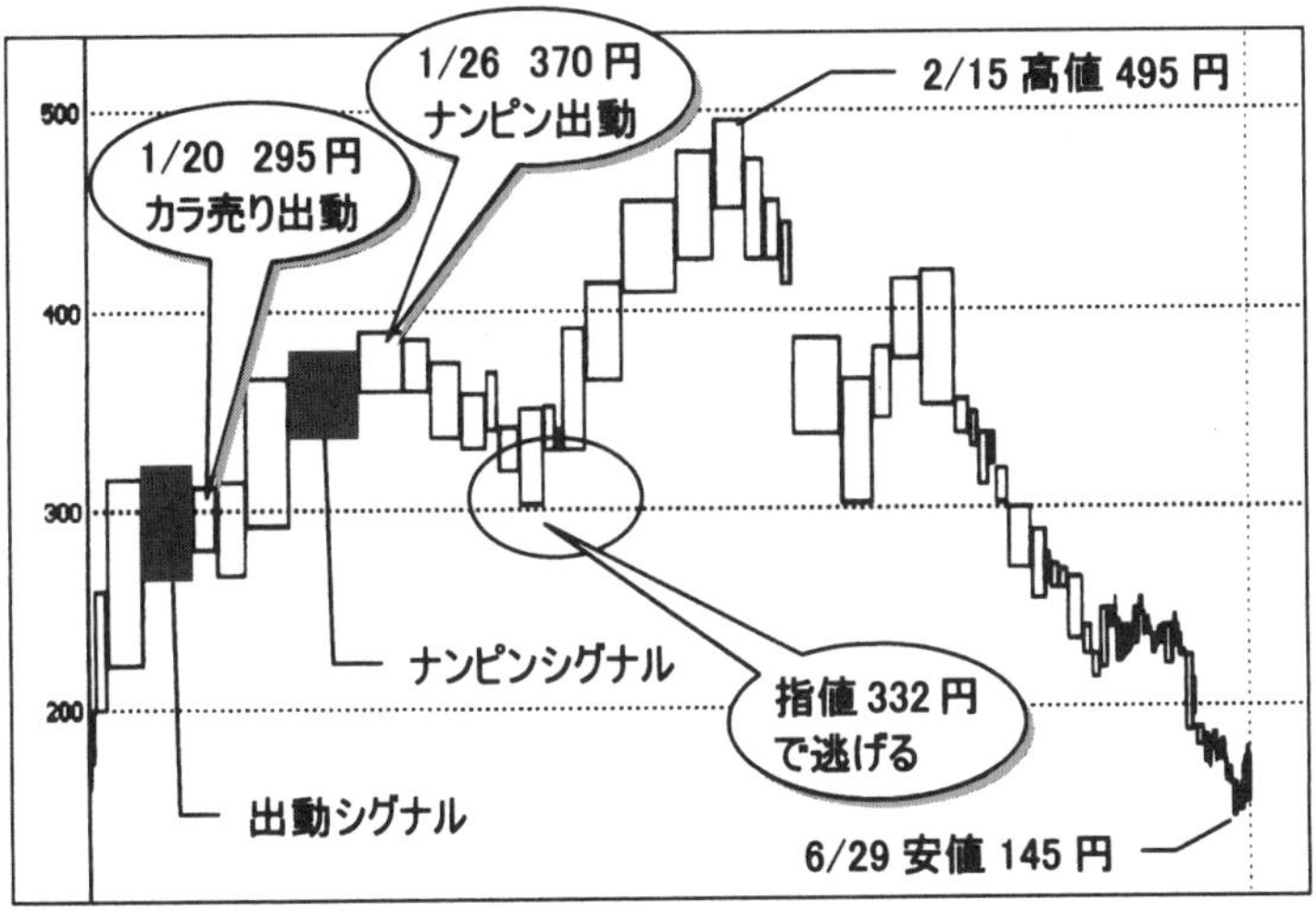
500
400
300
200
1/20 295円
カラ売り出動
1/26 370円
ナンピン出動
2/15 高値 495円
ナンピンシグナル
指値 332円
で逃げる
出動シグナル
6/29 安値 145円

一番天井カラ売り■<上級編2>

ナンピンの売り建て成功例　2

4546　北陸製薬

●出動日	00/1/24	売値	889円
●ナンピンシグナル	00/1/25	終値	1061円
●ナンピン出動	00/1/26	売値	1070円
●トントン切り目標値			979円
●その後の高値	00/2/14		1200円
●その後の安値	00/3/28		798円

ナンピンは何よりも集中投資につながるためできる限りしないほうが望ましいが、時として有効なこともある。しかしいずれにせよリスクを拡大させる戦法であることを認識しておかなくてはならない。この事例もまた一番天井「カラ売り」出動の2日後、3日後には立て続けに大きな出来高が発生し、危険な状態となった。

ナンピンのスタートは1月25日の1061円で、当日は高値1160円がありロスカットラインすれすれまで上げられた。4日後の2月1日には安値946円があり、指値目標979円はうまく買い戻すことができた。このようにナンピンでは必ず売り建て時点で指値をし、間違ってもナンピンで勝とうなどとは考えないこと。ナンピンはあくまでも逆調に入ってしまったための敗戦処理策であることを忘れてはならない。

4546 北陸製薬

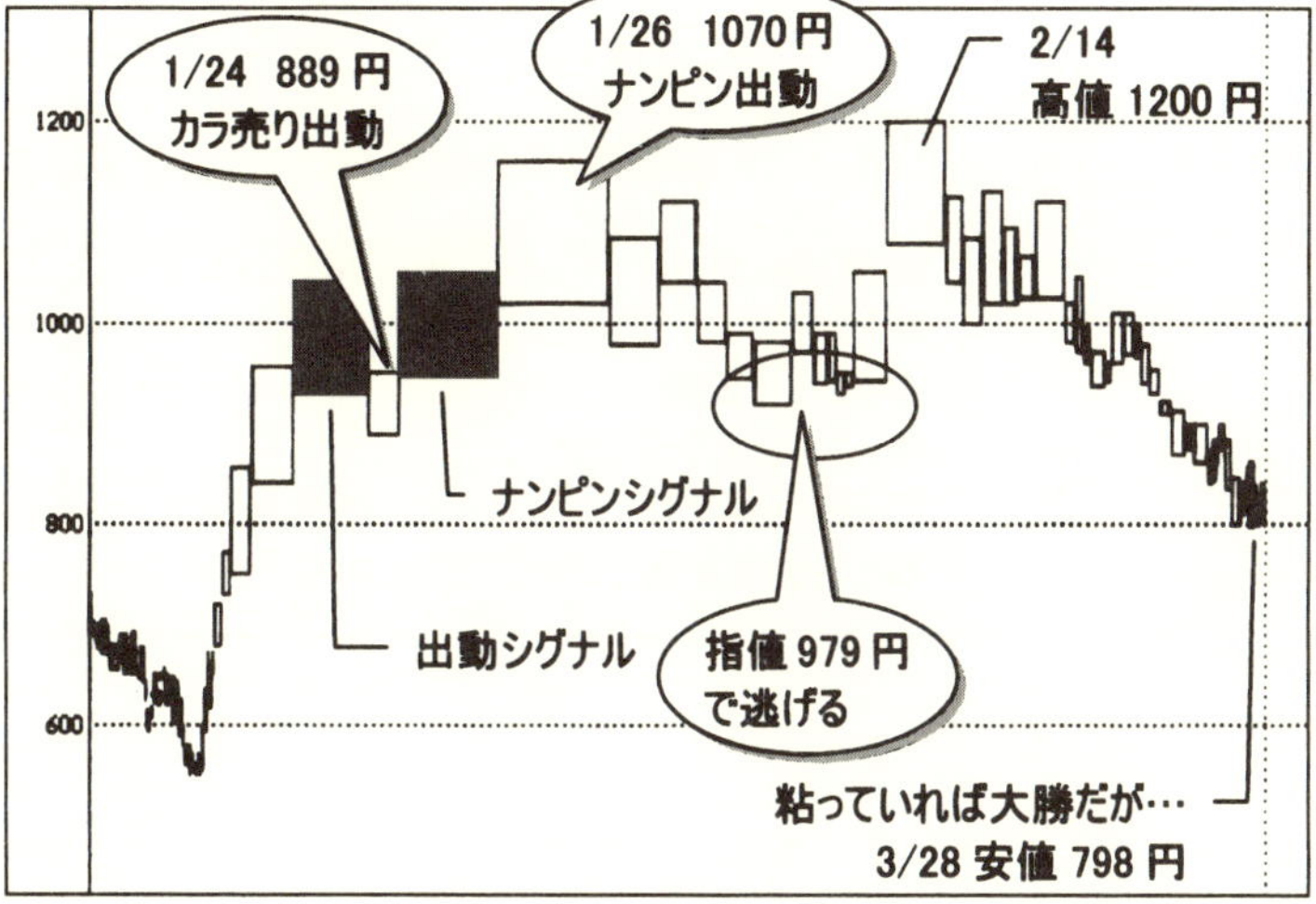
1/24 889 円
カラ売り出動
1/26 1070 円
ナンピン出動
2/14
高値 1200 円
1200
1000
800
600
ナンピンシグナル
出動シグナル
指値 979 円
で逃げる
粘っていれば大勝だが…
3/28 安値 798 円

一番天井カラ売り■＜上級編 3＞

ナンピンの売り建て失敗例

6139　タンガロイ

●出　動　日	00/4/14	売値 300 円
●ナンピンシグナル	00/5/16	終値 489 円
●ナンピン出動	00/5/17	売値 494 円
●トントン切り目標値		397 円
●その後の高値	00/7/12	925 円
●その後の安値	00/5/30	440 円

ナンピンは確率的に見れば大抵の場合トントン切りで逃げ切れるものだが、ときにはこのケースのようにナンピンが恐怖に変わることもある。強力な敵に出会ったときはとんでもない目にあうことになる。このタンガロイは、ナンピンした後しばらく下げたが、ナンピン目標値（トントンで逃げ切れる値段）がかなり低いためにそこまで届かず反転上昇となっている。それからはまさに地獄の毎日で、とうとう売り建て値の3倍、９２５円まで担ぎ上げられてしまった。

ナンピン後10％やられた場合の処置は、

①全面撤退が正しい。が、どうしても続ける時は、

②１回目の出動分を撤退し、ナンピン分だけ勝負。

③そして下り坂になるまでじっと耐える。

しかしこれらの処置はすべて自分で判断しなければならない。ナンピンが上級者でなおかつ資金に余裕がある人のみという理由はそこにある。

6139 タンガロイ

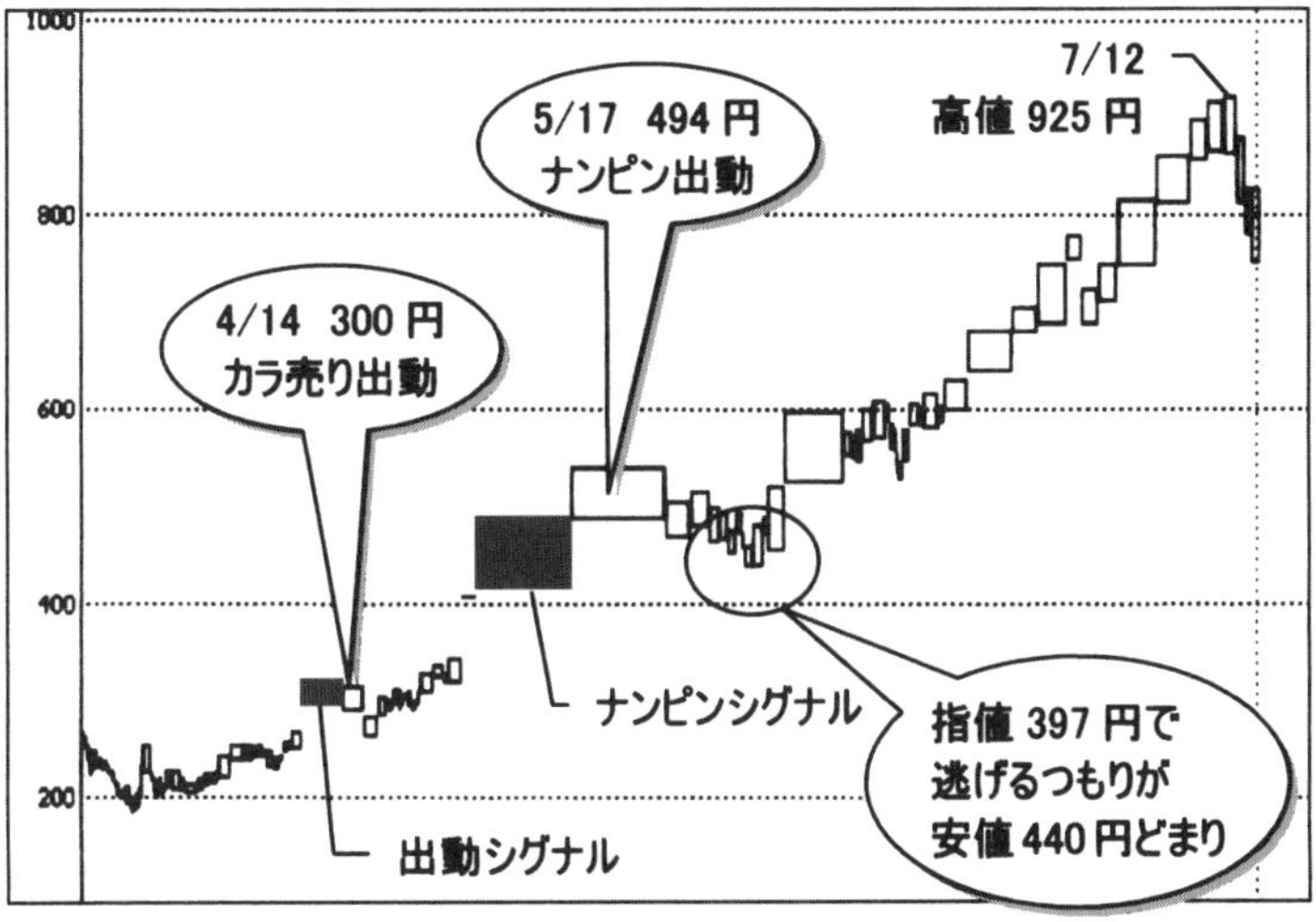
1000
800
600
400
200
4/14 300円
カラ売り出動
5/17 494円
ナンピン出動
7/12
高値925円
出動シグナル
ナンピンシグナル
指値397円で
逃げるつもりが
安値440円どまり

第5章

売り建て後に株価上昇、持ち上げられた時の対処

買いにおける戦略の過ちを繰り返すな
あなたならどうする「カラ売り」の危険への対応法
実践におけるロスカットの考え方
正しいナンピンの仕方
ナンピン売り上がりの危険

買いにおける戦略の過ちを繰り返すな

いかに勝率のよい「カラ売り」であっても、しょせん相場であり、危険な勝負をしていると考えなくてはなりません。時として思惑に反して持ち上げられることもしばしばあります。

前著『カラ売り入門』でも申し上げたように、「カラ売り」は相場の下げで儲けようとするものであると同時に、高値を買ってくる多くの投資家とそれを商売のネタにして手数料を稼ぎ、併せて「カラ売り」を踏み上げてキャピタルゲイン（株価差額）を得ようとする証券会社とそのディーラー（自己売買部門）を相手に闘うものでもあります。

ふつう時は短期急騰した後、出来高が急増して一相場終わるものでも、相場全体が大底から出直る時や、相場の位置が若かったり資金の量が多い時は、そこからまだ上げることもよくあります。

いかに半年間（6カ月）の間には勝てる確率が高いといっても、多勢の熱狂的な買いで相場がグングン上昇しはじめると、「カラ売り」派にとっては先ほどの例のようにつらい時期が長く続くことになります。かなり株価が高く上がったところから売り建てても、そこからさらに2倍、3倍になることもあるわけです。

そこでこうした事態を想定したカラ売り戦略をあらかじめ立てておく必要があります。まず第一にいえることは「カラ売り」の初心者やよく知らない人は「カラ売り」を自分のやってきた「買い」と同じように考えるケースが多いことです。一般に株式投資における最大の誤りは反対売買しない限り損ではないと考えるところにあります。つまり買った株は売らない限り実現損ではないと考えているのです。

確かに株価というものは上がったり下がったりして、含み損の状態からあっという間に利益が出たり、逆に天国から地獄へと株価が真逆さまに下落することがあります。

だから売らなければ損ではないというのは絶対に間違いとはいえませんが、限りなく誤りに近いのです。なぜなら株式投資において生じる大きな損失は株価が買い値より下がることで発生した損失を放置することによって引き起こされるのであり、それはこれまでに幾度となくあらゆるところで繰り返されてきた事実なのです。そしてそのことは今は起きていなくても、いつかあなたにも必ず起きるのが株式投資というものであることを知らなければなりません。

「上がったものは必ず下がるが、下がったものは上がるとは限らない」というのがこの世界の常識であり、株式投資ではその格言を戦略中に組み入れない限り、致命的な大損失からは逃げることはできません。

この「買い」の株式投資における決定的な誤謬が「カラ売り」にも応用される時、リスクは急速に拡大することになります。

先ほどの「株は売らない限り損ではない」という考え方の持つ決定的なおそろしさは株は必ず勝つ、いや勝たなければやめない、もしくは損はしないという意味を内在していることです。勝つまではやめない、損は絶対しない、なんと素晴らしく誤った考え方でしょう。

もう少しそれを進めれば、自分は絶対に負けることはない、負けることなど絶対に嫌だという心理が働いており、そのことが現実に起きている含み損の回復のための次の誤った行動を引き起こすことになるのです。もちろん誰しも損をすることなど嫌に決まっているのですが、株式投資を含めた投機的世界においては大きなリスクのもとにしか大きな利益はないという誰もが認める自明の理があるわけですから、私たちの株式投資は大きなリスクを小さな損失で食い止めるという戦略の中で組み立てられるべきなのです。

ところが現実に「カラ売り」の実践を見ていると、先ほどからいうような「買い」の誤りをそのまま「カラ売り」に応用して大きな損失を繰り返しているのが大方の現実です。

したがって、本書『カラ売りの実践』を読まれ、それを実践に活かそうと考える読者は、前記のような誤謬を正し、全く新しい視座からもう一度「買い」を含めた株式投資を見直していただきたいのです。

その上で以下を素直に認識できれば「カラ売り」の上達に役立ち、ひいては株式投資全体にドラスティックな向上を見ることは間違いありません。

「買い」において買い値より株価が下げた時は、その下げ率はそのまま損失であり、その損失は縮小するのか拡大するかはわからない。「カラ売り」において売り建て値より株価が上げた時はその上げ率は間違いなく損失であり、それは減るかもしれないが、さらに増えるかもしれない。

こうした考え方から導き出される戦略は次のようになります。

① スタート時は勝つか負けるかわからないからこそ、勝ちやすい状況、そして確率の高い基準をもとに出動する。

② 思惑に反して負けた時にも簡単に撤退でき且つ大きくやられてもそれが致命的な損失にならないよう分散を行い、借金やレバレッジによる集中投資はしない。

③ 実際に損失が発生した時には楽観的な期待をもとにした対応ではなく、損失の拡大を限定するために10％あるいは15％のロスカットといったそれぞれの資金量に応じ

た基準に基づいて現実的な対応をする。

④連続してロスカットなどポジションがシコったり敗北が続いた時は、損失を取り戻そうとは考えず、自分の戦略が相場にマッチングしていないことを認識し、ポジションを縮小したりキャッシュポジションにして態勢の建て直しを図る。

⑤勝ちも負けもはっきりしない期間が長く続くような相場を相手にする時は危険である。1カ月近くもトントンぐらいである時は一旦停止し、トントン切りをして、新しい戦略を立てることが望ましい。手数料を惜しんでトントン切りを嫌がる人が多いが、それをやっている間は株式投資は向上しない。

あなたならどうする「カラ売り」の危険への対処法

図表4のフローチャートをご覧下さい。このチャートを頭の中にしっかりと刻み込んでおけば、やられたそれぞれの投資家がするべきことがはっきりとわかるはずです。

図表4　カラ売りの損失発生時のリスクと対処法

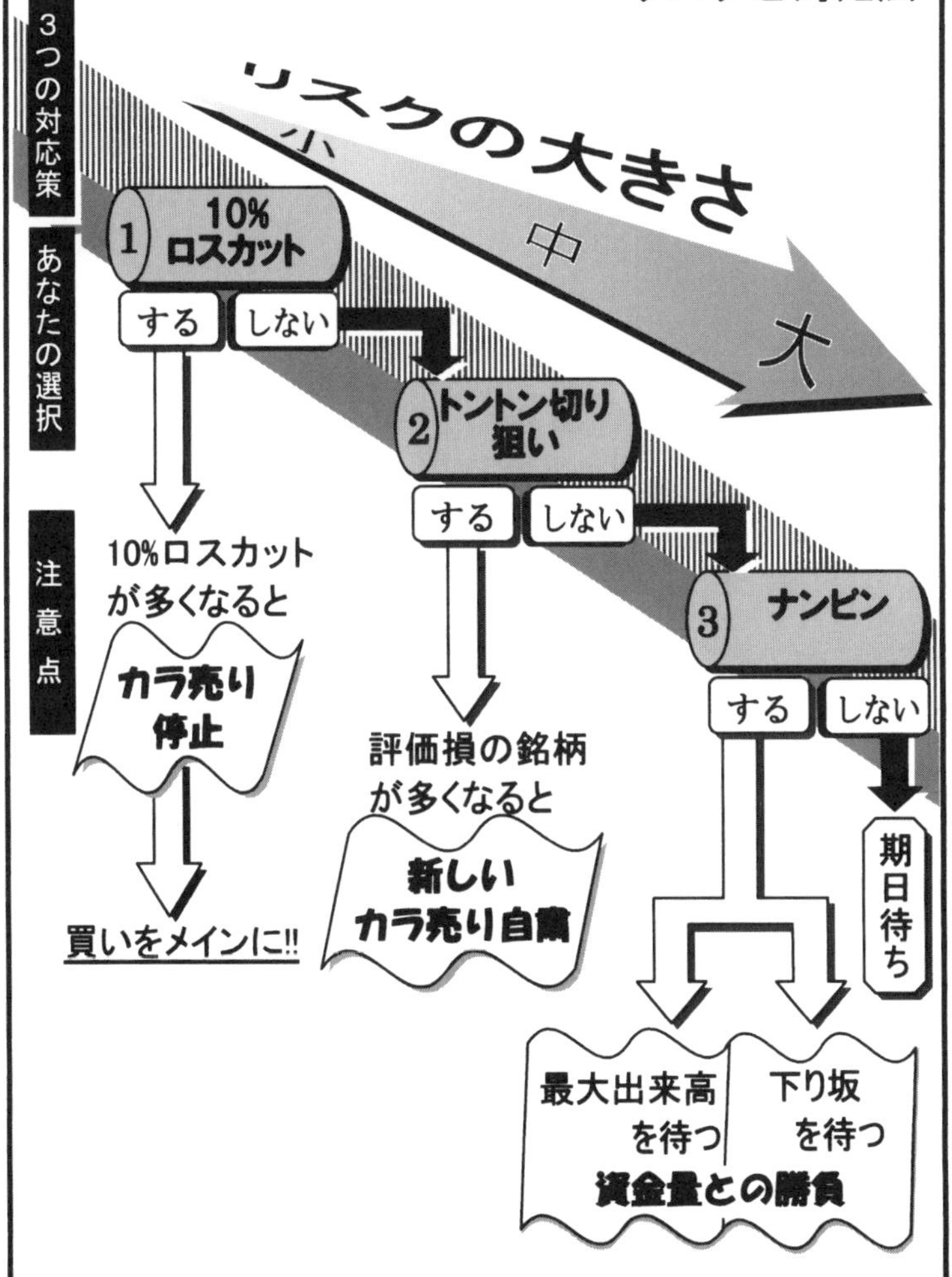

株式投資の基本は大きな損失を防ぐことです。フローチャートを見ればわかるように、リスクつまり危険は①~③に向かって拡大します。したがって③の選択をするということは大量の資金量を持ち、余裕のある「カラ売り」を行っている人に限られるわけです。期日は6カ月ですから、ひょっとしてこの期間内に相場が終わらないことも充分に考えられます。大きな損失とは人によって金額額が異なりますから、ここでは率で考えるべきであり、そのためにはまずはじめに資金投入量の制限と分散がその人なりの資金によってしっかりと守られていることが原則となります。

分散すればよいとばかりに、10も20も1000株ずつたくさん売ればよいとする人がいますが、それは間違いであり、はじめての人は1000株ずつ3つぐらい、慣れたら等金額で5~8個を資金総量の半分以下で行うことが大切です。もちろん「カラ売り」に上達し成熟すれば資金量は増やしてもかまいませんが、それははじめてから半年以上経過して、いろいろな経験を積み、「カラ売り」の良し悪しがわかってからです。

本書は実践におけるカラ売りの投資技術を向上させるために書かれているのであり、すべての技術的なものはつねに1からスタートし、2・3、そして5・6と進み、10で免許皆伝となるのは当たり前のことです。

もともと、株式投資そのものがそうあるべきなのに、この世界ではすぐにプロと同じことを素人が実践しようとするのです。むしろプロと同じことをさせるようにシステムそのものができているというのが正しいかもしれません。

いずれにしろ、「買い」においても「カラ売り」以上に分散やロスカットが必要なのですが、それは全く無視され、アマを狙うプロとプロを狙うプロと、プロみたいにふるまうアマとが同じ土俵でハンディの差なく闘わされるのが株式市場というところです。そうした場で闘う以上、せめて大きな損失をしないための投資技術ぐらいは一から覚えるべきと思うのですがいかがでしょう。

さて、もう一度フローチャートを見て下さい。

「カラ売り」でやられた時の基本は①の10％のロスカットです。そしてこのロスカットが多くなったら、「カラ売り」を停止することです。正しい基準でやっているのにいくつもの「カラ売り」がどんどんやられるのは「買い」のエネルギーが高まっている証拠であり、ここは「買い」に資金を重点シフトすべきなのです。

次にロスカットをせずに②のトントン切りを狙う場合は、評価損の銘柄の方が多くなったら、新規のカラ売りを停止すべきです。これは買いでも同じで大変重要な投資技術なので、絶対に励行されるようにして下さい。

次に③にいく人は資金量が多く分散もしっかりでき、カラ売りに習熟している人に限ります。とくにナンピンをするためリスクは拡大しますので、初心者や資金の少ない人はできるだけ避けるのが定石です。

なお③の㋑と㋺の最大出来高を待つのと下り坂を待つというのはナンピンの鉄則であり、同時に①や②でロスカットやトントン切りをした人が全く新たにリベンジ（復讐戦）を挑むのは上策です。

よく10％のロスカットやトントン切りを嫌がる人がいるのですが、同じ銘柄について③の段階で再びトライ（挑戦）できるのですから、敢えてリスクをとらずいかせるだけいかせて、弱ってきたところを「カラ売り」すれば効率もよく精神的に楽でお勧めです。

つまりは手数料を2回支払えば済むことで、上げられているときの精神的苦痛を考えれば誠に当を得た戦略なのです。

これは手数料を払うことで時間を買い消耗を防いで、いずれ訪れる下降相場を狙い打ちするものです。この戦略は「買い」にはない「カラ売り」だけにあるきわめて効果的なもので、ぜひ習得されることをお勧めします。

実践におけるロスカットの考え方

ロスカット（損切り）は大きな損失の回避すなわち相場との闘いにおいて致命的な痛手を受けないために行うものです。つまりロスカットはあくまで資金防衛のために行うものであり、相場とは関係のない個々人の問題であるといえます。

よく「カラ売り」の助言指導をしていて聞かれるのが、10％持ち上げられたのでロスカットしたほうがよいでしょうか、との問い合わせです。

その時、私は「それは私がそうしろというよりあなたが自分で決めることです。なぜなら私にはあなたの懐具合がわかりません。総資金量や分散の状況がわからないと正確な意見が言えないのです。一ついえることは、もし後10％～20％持ち上げられたとき、こわくなり神経が過敏になるのなら、10％のロスカット原則を励行して下さい。もしそうなっても資金的にも精神的にも苦痛がないのであれば、もともとかなり高いところで売り建てているのですから、勝負を続行されたらいかがでしょう」

このような返答の背景には「カラ売り」というものは勝率が高く、しかも客観的な指標に基づいてかなり高い位置で需給の悪化を確認して出動すれば、多少上に持っていかれても、6カ月という期間で見ればほとんどが勝つか、もしくは勝てなくてもトントンぐらいでは逃げることができるからです。

しかし現実の実践の場では「カラ売り」をしていて踏み上げられていくのはこわいものです。とくに私たちが主にターゲットにしている一番天井「カラ売り」とはまさに全国津々浦々の投資家が大挙して買ってくる、つまり出来高が最大になったところで売り建てるわけですから、さらに株価が上がっていくときは大変です。ほとんど押し目らしい押し目をつくらずにガッガッと株価は上がり続けます。

買っている時はすぐ下がるのに、「カラ売り」するとどうしてこんなに上がるのかと恨めしい気持ちになり、同時に際限なく上がりつづける気がしてきて、毎日株価を見るのがこわいくらいです。それは株価が暴落するときの下げの恐怖以上のものだと感ずる人も多いのです。というのはもともと「カラ売り」はこわいもの、損失は青天井などの偏見や固定概念があるせいでもあります。

多勢に無勢とはまさにこのことです。こんなとき間違って証券会社に相談したら大変です。はなから「カラ売り」が嫌いで買わせたい人たちですから、ここぞとばかり、買い戻させ、次はやっぱり買いですよと勧められるのがオチです。基準のない「カラ売り」をしていると、先述のようにこわくなってつい高値で踏み上げられたり、いい加減な値頃観で適当に買い戻してしまうことになります。

こうした状況に耐えて勝っていくのは明確な基準の中で、ムリな資金投入をせずしっかりと分散を行っている投資家です。

そこでは10％のロスカットは時として必要があり、場合によっては無視してもよいのです。もちろん資金管理上は50％辺りに絶対的な基準を設けて、そこまでやられたら潔く負けを認めてやめるというもの一つの選択です。たとえば１０００万円の資金のほうが10分散で１割やられれば10万円の負けです。５割負けても総資産の５％であり、総資金の10％で見れば、１００万円の負けまで許容できるわけです。

株式投資の定石からいえば、10％ロスカットは「買い」にこそ必要で、「カラ売り」は状況次第というのが定説です。

もちろん10％のロスカットについても絶対すると決めたら、それはよいことであり、大切なことはご自分の基準をはっきりとすることで、その基準の中で思い切り勝負することなのです。

株式投資においては「買い」も「カラ売り」も同じように危険な相場であることに変わりがないのです。しかし「カラ売り」は売り建てのポイントが株価と出来高で「買い」ポイントよりずっとわかりやすい分有利なわけですから、そのことを含めて対応すれば強い投資家になることは間違いありません。

参考　カラ売りがやられるパターン

① 10%ロスカットはしないが、様子をみているうちに株価が急騰すると、こわくなってピークで買い戻してしまうケース。これはほとんどがド天井で踏み上げられる。

② 10%のロスカットどころか、10%株価が上がるたびに売り上がり、ナンピン売り乗せするケース。株価が2倍・3倍になっても続けられるかが問題だ。

③ 相場観による一発勝負で資金を集中するケース。資金を集中すると損をしたくないため、10%ではロスカットできず、しばらくしてさらに上がると今度は損失の拡大がこわくなり、ビビッてしまい、踏み上げられる。

正しいナンピンの仕方

ナンピンとは難平と書き、投資で損失が出た時に買いであれば、下値で同株数売り建てることにより、買い値もしくは売り建て値を平均値として下げる技法をいいます。

この手法は昔から資金の潤沢な人が損失をカバーするために実践しているもので、あくまで損失を出さないための便宜的な救済策と認識しなければなりません。つまりナンピンは負けをトントンにして逃げるために用いるべきで、これを勝つための手法として採り入れたりするのは大変に危険なことです。

巷間、「カラ売り」において「ナンピン売り上がり」の勧めがあります。

たとえば株価が売り建て値より10％持ち上げられたら同株数、時には倍の株数を売り上がり、さらに10％株価が上がったら再び同じことを繰り返せという勧めです。こうした「カラ売り」のナンピン売り上がりの手法のベースには、上がった株は必ず勝てるという確信に満ちた自信があります。確かに現実の相場の中では上がった株価はまもなく下がることが多く、勝率が高い「カラ売り」においては一見して合理的な手法に見えます。

しかし、このナンピン売り上がりは相場の定石に反し、あくまで「カラ売り」での必勝とあわよくばデカイ儲けを狙おうとする間違った考え方です。

先ほども述べたように「カラ売り」のナンピンはあくまで損失をヘッジするためのものであり、その背中合わせに追加資金投入による資金の集中化による損失の拡大のリスクがあるので、下手にそれを行うと致命的な損失を受ける可能性があるのです。

ナンピン売り上がりの危険

ナンピン売り上がりには次の３つの問題が内包されています。

①　株価上昇10％毎の資金の追加投入
②　スタート時点での銘柄選択の基準
③　「カラ売り」に用いる資金の総量

順に①から問題点を羅列してみましょう。

まず10％株価上昇毎に資金を追加投入するというその10％は何が根拠となっているかです。

１９９９年から２０００年にかけてソフトバンクは１年間で約28倍になりました。この時７０００円から１９万８０００円に至る途中、２万円ぐらいで「カラ売り」を仕掛けナンピン売り上がりをした方がいましたが、株価が７万円になったあたりで踏み上げられ破綻してしまいました。

10％毎に資金を注ぎ込んでいった時、株価が３倍５倍になったらどうするのか、永久に資金が続くまでやるのか、もし撤退するならいつなのかが明確ではありません。相場は時としてとんでもない株価を演出するものであり、もし運悪くそうしたものに遭遇した時、その人は破滅するしかないのです。つまり株価だけの基準で「カラ売り」をするのはタブーなのです。

次に②のスタート時点の銘柄選択ですが、この手法は10％毎に「売り乗せ」していくわけですから、数倍にならない銘柄を選ぶことが求められます。つまり数倍には絶対にならない銘柄とあらかじめ特定できる技術や基準が必要です。それはすなわち相場の将来を確信することができる必勝法の存在を前提にしています。「売り乗せナンピン」とは必ず勝つ、いや勝たなければならないという不退転の決意がなければできないことになります。もし間違って屈強な相手にぶつかったら、それこそとんでもない大損失を破り、それこそ先ほどのソフトバンクのように青天井的な損失へと近づいていくのです。

大した利益も出ない「カラ売り」にそんなリスクを犯してまで資金投入するのは誰が考えても得策ではありません。相場とはケンカするのではなく仲良くすることが定石であったはずです。

次は第③の資金量です。この手法はあらかじめ資金の量が特定できません。それこそ無尽蔵に大きな資金が要求される可能性があるのです。そして困ったことに勝つときは小さく、負けるときは大きいという全く株式投資の基本原則の正反対の手法ではありませんか。

もちろん機関投資家や億単位の資金を動かす人たちならば、株数によっては可能ですが、私たち個人投資家にとっては最悪の結果になりやすいものです。

先ほど述べた資金配分や、やられたときの対処を含めて相場というものの危険をよく認識し、冷静で合理的な対処をされることをお勧めいたします。

第6章

「カラ売り」の重要チェック項目

あなたの資金配分は間違っていないか

「カラ売り」の具体的資金配分

「カラ売り」自己ファンドによるリスク管理と相場判断

「カラ売り」は「相場全体の流れ」に気をつけよ

証券自己売買部門（ディーラー）の動きを知る

「カラ売り」の成果を左右する投機資金の流れ

「カラ売り」が大苦戦となった2000年5～7月相場

あなたの資金配分は間違っていないか

「カラ売り」の実践は何をおいてもまず資金配分からはじめることが肝要です。序章で述べたように「カラ売り」の実践は相場の下落で儲けを狙うことは当然ですが、それよりも「買い」における利喰いの上達、上昇相場で得た利益の温存、そして次に来る新しい買い相場の底値買い出動のために行います。よりわかりやすくいえば、一般に投資家は天井圏で資金をフル出動した挙げ句に、その後の下降相場でやられて大きな損失を破り、次のチャンスでは資金は枯渇するのがふつうだからです。

つまりは「カラ売り」を実践することによってこれまでの株式投資を見直し、併せて技術向上を図ろうとするものといえます。それ故に「買い」がだめだから「カラ売り」で一発大儲けしようなどと考えて、「カラ売り」をするのは絶対にやめなければなりません。

よく自分は「カラ売り」専門だと自負される方もおられますが、それはこれまでに証券会社などの口車に載せられて、さんざんカモにされ、証券会社がすすめるような株の「買い」に対して恨み骨髄に達しているケースであり、あまり感心できません。

株式投資はあくまで「現物買い」が基本です。そして株式投資で得られる利益は「買い」においては10倍以上・無限大に極大化するのであり、「カラ売り」は最大で50%までが限度で、ふつうは15~20%が目標ラインになるに過ぎません。その意味で株式投資における資金投入もまた主は「買い」であり、「カラ売り」は従でなければなりません。

前著『カラ売り入門』で述べたように、「カラ売り」は株式市場のシステムの中で派生的に作られたものです。つまり市場の流動性を高めるために創設された信用取引が3倍のレバレッジ（テコの原理）を効かして行うため、時として「買い」の過剰が発生して株価暴騰、そしてその後に買い手が不在となったときにおきるひどい暴落を防止する意味で併設されたのです。つまり必ず6カ月以内に買い戻しが入る「カラ売り」は、株価の振幅を平準化する目的をもってつくられた誠に正しく合理的な売買なのです。

したがって「カラ売り」はあくまで信用取引における「買い」の過剰を対象に行うべきもので、単に株価が高くなったからといって売り建てるものでないことは、この原則の中に回答があるのです。

その意味で「現物買い」「信用の買い」そして「カラ売り」を考えた時に、「カラ売り」に充当する資金は市場全体の中で「信用の買い」の過剰のみがターゲットになるわけですから、私たちが株式市場において「買い」と「カラ売り」を併用して儲けようとするのであれば、自ずと「カラ売り」に投入する資金は限定的になるはずです。

とくに「カラ売り」の利喰いが最高潮になった後に、底値買いのチャンスがくるとすれば、「カラ売り」への資金投入が多すぎると、大切な「買い」の絶好のチャンスに資金投入が遅れる可能性があるのです。

以上「カラ売り」の実践にあたっては資金配分がとくに重要であることを理解いただけたことと思います。

次に具体的な資金配分について述べてまいります。

「カラ売り」の具体的資金配分

図表5をご覧下さい。これは私の経営する会社で会員の方に呈示している資金配分モデルです。このモデルには当然に信用取引においてのレバレッジ（テコの原理）を用いることは想定しておらず、あくまでも現物感覚で行うものです。

この4つのモデルは相場段階に応じてつくられています。もちろん相場段階というものはそう簡単に把握できるものではありませんが、相場が若い順に1、2、3、4となります。

図表5 リスク管理の第一歩は資金配分

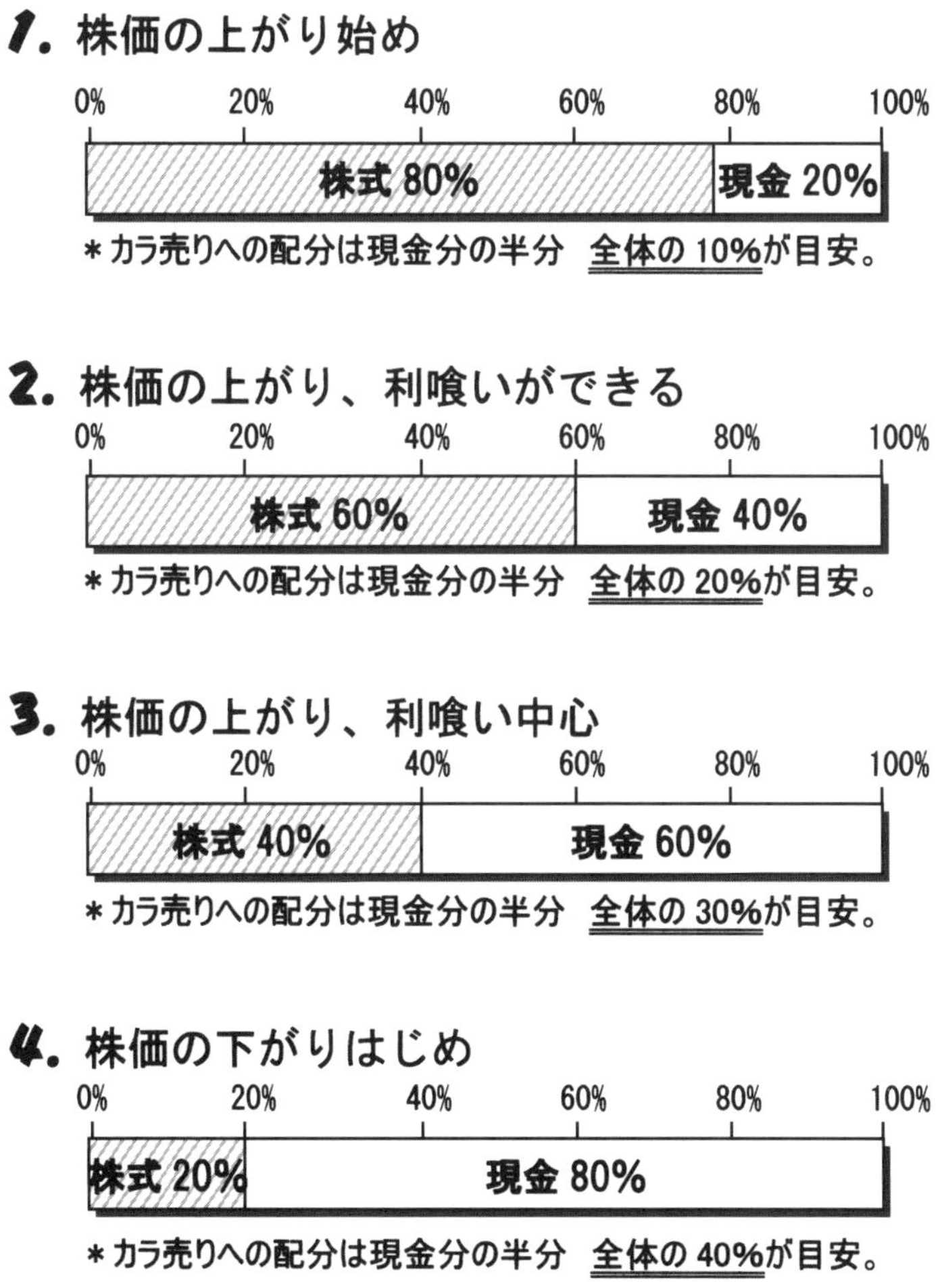

「買い」と「カラ売り」そして現金の比率がよくわかると思います。

私たち投資家はこの資金配分の定石などについて教えられる機会はほとんどありません。とくに証券会社の営業はこの資金配分は天敵のようなものであり、こんなものを投資家に教えたら、彼等の営業成績は散々なものになってしまうからです。つまり日本の証券会社にとっては投資家のリスク管理や技術向上などには、はなから無関心であり、いかに顧客の資金の回転売買によって手数料を上げるかが目的なのです。この点は充分に注意が必要です。

さて、株式市場において行われる一般的な投資は、はじめのうちは危険を避けて恐る恐るの打診買いで資金は少なく、株価が上昇して儲かるほどに安心して資金が増えていくものです。しかし定石における底値買いの資金配分は、このモデルのように早いうちほど正反対に多く投入されるのが理想です。なぜなら早いうちほど得られる利益は大きく、うまく当たれば予想もしない利益が手に入るからです。投資の基本は負けを限定し、いかに大きく勝つかにあったはずです。だからこそこの資金配分のウラには当然に10%のロスカットがあることはいうまでもありません。それがすなわちハイリスク・ハイリターンの原則です。

さて話が「カラ売り」に戻りますが、「買い」における間違った資金配分は「カラ売り」においても同様に行われており、それは大変に危険なことです。したがって、これまで買いにおいて正しい資金配分を実施していなかった方は「カラ売り」を実践するにあたって、あわせて本当の資金配分の考え方を覚えて下さい。

再び図表5をご覧下さい。「カラ売り」では相場段階において「買い」とは逆に株価が上がるほど資産配分は多くなります。

そしていつも資金量は「買い」の半分程度であり、つねに同額の現金を積んでおくことが望まれます。

このキャッシュポジションは次に来る、またいつ来ても良い買い出動（底値買い）の準備であることはいうまでもありません。

以上のようにこの資金配分モデルは実に合理的なものであり、先ほどから述べているように従たる株式投資としての「カラ売り」の資金量が最大40％であることをしっかりと理解して下さい。

そしてこの資金配分の最大特徴が相場の上昇のはじまりの時に買いの資金投入が80％、「カラ売り」資金投入が10％である点です。

相場全体が暴落した後は、新しい相場のはじまりと、さらなる一層の下げのリスクが共存します。この時「カラ売り」の成果があがらず、もしくは、「カラ売り」が次々と上げられやられていく時は、おそらくは新しい買い相場がはじまっているのであり、それは自分の手の中の「カラ売り」ファンドが「買い」への資金シフトを促しているのです。

こうした時にこそ、買い60～80％、カラ売り10％のそれぞれの極の資金配分が行われるべきなのです。

私の経営する会社で会員の方が参加する「底値買いファンド」というものがありますが、このファンドは日経平均が5000円以上暴落した2000年5月の後、下げ止まりを確認して、6月21日スタートさせています。このファンドは7つの好業績株をポートフォリオにしており、一人930万円でスタートしています。このポートフォリオは原則6カ月以上を投資期間としたものですが、これは「カラ売り」の技術をもっているからこそできる方法なのです。

いかがですか、巷間いわれる「カラ売り」はこわいなどという迷信、いや証券界が勝手につくったレトリックはこうした資金配分を理解すれば、少なくともこわくはなくなるはずであり、いかに利用するかを考えたくなるはずです。

「カラ売り」自己ファンドによるリスク管理と相場判断

「カラ売り」は「買い」の熱狂を相手に行う冷静でかつ合理的な売買ですから、その実践は計画的でなければなりません。

本来「買い」も同じように合理的かつ計画的であるべきなのですが、この「カラ売り」を実践することであわせて「買い」の実践にも適用してほしいと思います。

さて前項の資金配分の説明で「カラ売り」の売り建て銘柄の戦績による相場段階の判断（客観的相場観）が大変に重要であると述べましたが、ここではその具体的な方法について述べてまいります。

まず「カラ売り」は「買い」と同様、時期および資金の集中は絶対タブーです。そしてこれもリスク分散のセオリーから1銘柄当たりの売り建て額は等金額が望ましいのです。

「カラ売り」の自己ファンドはできれば5～8銘柄、少なくとも3銘柄には分散するのが基本ですが、ここでは平均的に5つの分散で説明します。

「カラ売り」に投入する資金や銘柄数は5つの銘柄がすべてがトントンかプラスに転じるまでは増やすべきではありません。この5つの銘柄は利喰いかロスカットで、一つ減れば一つ加えるという考え方で、決して自分で勝手に増やさないのが原則です。

もともとこうした自己ファンドは悪いものは削除しつつ、うまくいっているものだけを残すのが定石であり、その中味はいつもトントンか利が乗っている状態に保っていく必要があるのです。

ロスカット（10％）にならないまでも、5つともがトントンかマイナス状態が1カ月以上も続くようなときは、明らかに危険な状態の兆候であり、こうした時の対処は「買い」でも「カラ売り」でも資金を減らしていくのが安全です。市場のコンセンサスや自分の頭の中の相場観がどうであろうと、自分のファンドのポジションが自分の採るべき選択を指示していると知るべきです。

そして「カラ売り」ファンドの5つの銘柄がことごとくロスカットの危機になるようなときは、「カラ売り」への資金は最低基準に落とし、替わって「買い」資金ポジション最大の準備をすることになります。もちろんこの時、それまでにある買いポジションがプラスになっているのはいうまでもありません。

逆に手持の「カラ売り」銘柄のすべての利がどんどん乗ってくる時は、「買い」のポジションは最小に下げ、「カラ売り」資金は最大へと移行していきます。

こうした「カラ売り」の自己ファンドによってリスク管理や相場段階判断に用いる銘柄の数や1銘柄当たりの資金は総資金量や投資技術によって異なりますが、原則をしっかり踏まえれば基本は一緒です。

ただし、初心者は株数を最小単位にし、銘柄は3つ程度、1シーズンを経過してから、本格導入されることをお勧めします。

カラ売りは「相場全体の流れ」に気をつけよ

「カラ売り」を実践していく上では、前項の資金配分を含めて、相場全体がどのような状況にあるかをつねに監視することが必要です。

つまり、①**相場が上昇のはじまりの時にあるのか**、②**上昇の佳境なのか**、さらには上昇後の③**天井波乱の中にあるのか**、④**下降中なのか**といったことをつねに判断していくということです。

もちろん①の相場全体の上昇のはじまりから②の上昇佳境までは「買い」が有利であり、③の相場の上昇後の天井波乱から④の下降は「カラ売り」が有利であることはいうまでもありません。

一般に投資家は1年を通していつも買い続けさせられており、結果的にほとんどはやられています。それは株式市場が「買いの連鎖」によってしか存在しえないため、証券界がつねに「買い手」を探してきて買わせているからです。

ご経験のある方はおわかりいただけると思いますが、証券会社などが勧める株は必ずといってよいほど上がりはじめから見ると、かなり高くなったものです。もちろんどこまで上がるかは誰にもわからないのですから、それが絶対に悪いとはいえませんが、要は買わせることだけが目的になっていることに問題があるのです。それから先、買った人が勝とうが負けようが関係なく、手数料だけが確実に証券会社に入るわけです。

もし間違って（？）儲かったら、さあ、今度はもっとデカク儲けましょうよと増えた資金に新しい資金を追加して買わせるのが証券会社というものです。幸いにデカイ相場に当たれば、証券会社の収益は急拡大となります。一方投資家は資金が拡大していくので、どこかで相場が終り株価が急落すると、予想外に大きな損失を被ることになってしまいます。

このように証券会社主導で株を買うと、前述の相場の段階でいえば、②と③の間はほとんど買い続けることになります。この中で②はほんの短い期間なので、一般に投資家は③から④にかけて株を買い続けることになります。そして④以降は大きくやられて折角の買いの最大チャンスである①では資金がなくなって、相場の上昇を指をくわえて眺めることになります。

③から④にかけては「カラ売り」は入れ喰い状態になります。株式投資とは①で買い、②の上げで儲け、③から④は買ってはいけない、つまり買いがやられていく時であり、だからこそ「カラ売り」で対処すべきなのです。

そしてもっとも注意すべきは、私たちの目にはっきりと見えるのは①と②の最終段階だけで、あっという間に終わってしまうということです。年間でいえば1～2カ月、長くて3カ月、それ以外はほとんどが③と④の時期と考えてよいでしょう。

しかし現実にはこの相場段階は後で見ればわかりますが、その時々では実際には①になって相場が上がりはじめているときを簡単にとらえることはできません。相場観的にはまだ下降の途中にあるように思っているのがふつうです。しかし「カラ売り」をやっていると、この時期は何をやってもうまくいかなくなります。③～④の時であればおもしろいように取れた「カラ売り」が勝つどころか、さらに上へ持っていかれることが多くなります。こうした時期が出たら、「カラ売り」ポジションを落とし、主力の資金は「買い」に向けていく戦略の変更が求められるのです。

つまり、自分のカラ売り銘柄の成績が相場全体の指標となってくれるわけです。「カラ売り」上手は「買い」上手とはまさにこのことをさしています。

証券自己売買部門（ディーラー）の動きを知る

今日はどっち（DOCH）を買おうか
短期の投機資金

- 証券自己売買部門
- 個人投資家（ディトレーダー）

次に「カラ売り」が直接対決することになる証券ディーラーについて述べます。日本の株式市場には証券ディーラー（自己売買部門）という特殊な存在があります。米国などでは証券会社とは別の独立した存在として自己のリスクのもとに専門に売買を行う個人ディーラーがいるのですが、日本ではこれを証券会社が行っています。

ディーラーは本来市場の流動性を高め、取引の円滑化を目的として設置されているのですが、日本では大手証券のディーラーは機関投資家の大量売買の受けを専門にして、市場価格

図表6 証券自己売買部門の動きを知る
＝
短期の投機資金

の安定化を行っており、一方で中小証券のディーラーは機関投資家の受けも少ないため、その一部が市場における短期の投機資金となって、市場内をめまぐるしく動くことになります。

株式市場に集まってくる資金の多くは中長期の買いを中心とした資金ですが、その中にあって証券ディーラーの資金はきわめて異なった動きをしています。

彼等は証券会社自身であるため、当然に手数料はありません。また、証券ディーラーはその役割上、原則相場観に基づいた売買はせず、翌日持ち越しのない日計りの超短期売買となります。たとえばある銘柄に買い注文が多く集まってくるのを先に知ることができるので、一足先に買い、この注文にぶつけるというように、分刻みの売買になります。その後さらに買いがくれば、またというように1日に何度でも売買を繰り返していくのです。そのため市場で材料株が動きはじめると、中小証券ディーラーが一斉に動き出すので、株価が急騰することになります。

本来ディーラーは自分で相場をつくるわけではないので、買いが減ってくれば、そうした買いの循環は途絶えて、株価はそれ以上、上がりにくくなるだけのことです。つまりディーラーは相場の流れにのって、その中で超短期の利益を狙っているだけなのです。しかし時折この証券ディーラーが暗黙の諒解があるかのようにいくつかの銘柄にキャッチボール的な買いを入れ、株価を2倍、3倍とせり上げていくこともあります。

2000年2~5月の光通信やソフトバンクの暴騰は機関投資家と投信を巻き込んで、大手証券ディーラーまでが参画したために起きた超スパイラル上昇で、この仕組みが極めて効果的に発揮された結果の惨劇であったわけです。もちろんこのディーラーの動きに誘われて急騰株の高値を買うのはいつも個人投資家であることはいうまでもありません。

「カラ売り」の成果を左右する投機資金の流れ

「カラ売り」の成果は証券自己売買部門(ディーラー)の資金の流れによって決まるといって過言ではありません。

もともと「カラ売り」というのは短期に急騰し、同時に急増する「信用の買いの過剰」を利益の源泉にするわけですから、こうした証券ディーラーの資金の動きにつられて買いつく「信用の買い」がターゲットになるわけです。短期急騰の仕手株・材料株というのはディーラーと個人の投機資金の合体によって引き起こされる相場といってよく、つねに投機的妙味をまきちらし、新しい参加者を誘っているのです。

「カラ売り」を知ることはこうした「投機の罠」を逆サイドからみることになり、相場の本質を理解することにつながります。

先述したように証券ディーラーは株式市場の流動性を高める役割があり、相場の流れに沿って動いています。たとえば主力株が明確に存在し、その商いが活発であれば、ディーラーの資金はそちらに向かい、主力株が調整に入り、焦点ボケの相場になると、一転して仕手系・材料株へと流れ込みます。つまり仕手・材料株は相場の幕間つなぎに利用されるわけです。したがって、主力株の調整が長引くと、ディーラーの資金が仕手や材料株サイドに滞留し離れにくくなるので、「カラ売り」の成果は上がりにくくなるわけです。

こうした事実を知っていると「カラ売り」をしていることで相場の流れを判断でき、逆に調整のあとの「買い」にタイミングを測れるようになるのです。

「カラ売り」が大苦戦となった2000年5～7月相場

「カラ売り」にとって全体相場の動向と証券ディーラーなどの短期資金の流れが重要であると述べてきましたが、その意味で2000年5～7月は「カラ売り」派受難の相場となりました。個別銘柄については先ほど大苦戦例の項で呈示しましたが、「カラ売り」対象銘柄がことごとく10％以上担ぎ上げられ、10％ロスカットしない方にとっては大苦戦となったわけです。

このときは5月に日経平均が5000円以上暴落した後です。その間1999年秋から2000年2月にかけて、暴落したIT関連を中心とした値嵩株がニューヨークで出した損失の穴埋めに儲かっていた日本株を大量に売ってきたため、大暴落となりました。そして証券会社主導のもと、その調整の下げ過程で値嵩株への間違った押し目買いが続発することになったのです。

その結果、市場の中心銘柄がポッカリと抜ける型となりました。その頃、日銀のゼロ金利政策の中で生まれた過剰流動性と個人の金は市場に滞留しており、この資金が証券会社主導のもとに投信と重なって中低位の国内株へと流入することになりました。折り良く（カラ売り派には折悪く）6月に総選挙、株主総会、そして7月のサミットがあり、公的資金も相場維持にしっかりと投入されることになってしまったのです。さらに持ち合い解消の格好の受け皿としか思えない銀行系の投信が設定されました。悪いことは重なるものです。本来機関投資家などが買う中心的な値嵩株が調整中であったため、その売買を受ける大手証券会社の自己売買部門（ディーラー）までもがこの中低位国内株になだれ込んできたのです。

このように大量の資金が中低位国内株に偏って滞留したのはバブル前を含めてここ10年以

上なかったことです。

中低位材料株は急騰し、一番天井らしき状態になっても下がらず、しばらく値を保った後、さらに上がるという循環に入ってしまいました。

こうなると買い方は強くなります。買い方は買い値より下がることで弱気になり、結局は投げてくるものですが、どの銘柄もトントン以上で下がらないため大きく崩れようがなくなったのです。

相場全体が暴落の後の新しい相場への初期段階に入り、そこへ個人、大小の証券ディーラー投信そして公的資金が集中しています。

こうなったら「カラ売り」は逃げるしかありません。資金の余力のある方だけはポジションを絶対増やさず、ナンピンしない条件（下り坂ナンピンは除く）で耐えるしかないパターンです。

もちろんこんなことは滅多にはありませんが、本書において繰り返し述べるカラ売り自己ファンドの成績による相場段階判断での「買い」に最大資金投入すべき状態といえます。

当然、弊社は5月から資金シフトを明示し、6月からは「買い」に重点配分しましたが、「カラ売り」に資金を入れすぎた方は本当に大苦戦となってしまいました。もちろん6カ月の期限の中でみれば売り方が有利なことはいうまでもありませんが。

第7章
その他の「カラ売り」の注意点

「カラ売り」と「買い」の非対称性
業績優良株に気をつけろ
悪材料の追撃ウリはタブー
雪印乳業の食中毒事件
カラ売り教にはならないように
利喰いが上手くなる「カラ売り」のノウハウ

「カラ売り」と買いの非対称性

「カラ売り」の実践について助言指導していてよく感じるのは、多くの投資家が「買い」と「カラ売り」を投資技術としてほぼ同一のものと混同している点です。その結果、もともとベースとなる「買い」そのものが決定的に間違いと誤解、そして錯覚によって構成されているため、「カラ売り」もまた反定石的になっていきます。

その典型例が「今更なんで」という材料による急騰株の高値を買い、「この株価は高すぎる、そんなに上がるはずはない」と上昇途中の株を売り建てるケースです。

つまりは、もうすぐ下がるものを買い、まだ上がるものを売り建てるという余りにも反資本主義的な行動となるのです。

さらに進んで、そのことが早く撤退すべきものを切らず、結局最安値で叩き売り、一方でしばらく辛抱すれば下がるものをこわくなって踏み上げられる結果を招くのです。

そこにあるのは無責任なお勧め銘柄と基準なき間違った相場観だけです。

「カラ売り」は「買い」とは全く違う性格の取引であり、「買い」の逆でもありません。上げに賭ける買いと下げに賭ける「カラ売り」は言葉の上ではシンメトリー（左右対称）ですが、その本質は全く違うものなのです。

この「カラ売り」と「買い」の非対称性は株価の上昇と下降というものが人間の欲や期待、そして失望と未練さらには恐怖によって支配されていることに起因しています。

図表7をご覧下さい。Aからはじまった株価の上昇はBからCにかけて一気に急拡大し、出来高も急増しています。

そして株価の上昇が止まるCからDを経過し、その後は下げ続けています。

この図でもわかるように、上昇と下降は明らかにシンメトリーではなく、異なるプロセスをとっています。それは人間心理の集合が現す相場の軌跡であり、上げと下げの連続の中で一つの結果を現しているのです。

前著『カラ売り入門』でも繰り返し述べたように、「カラ売り」の技術が「買い」の上達にあるといったのは、まさにこのことであり、相場がはじまり、生成し、成熟し、そして終焉するという一連のプロセスを理解することに他なりません。

図表７　株価の上げと下げ その動きは非対称

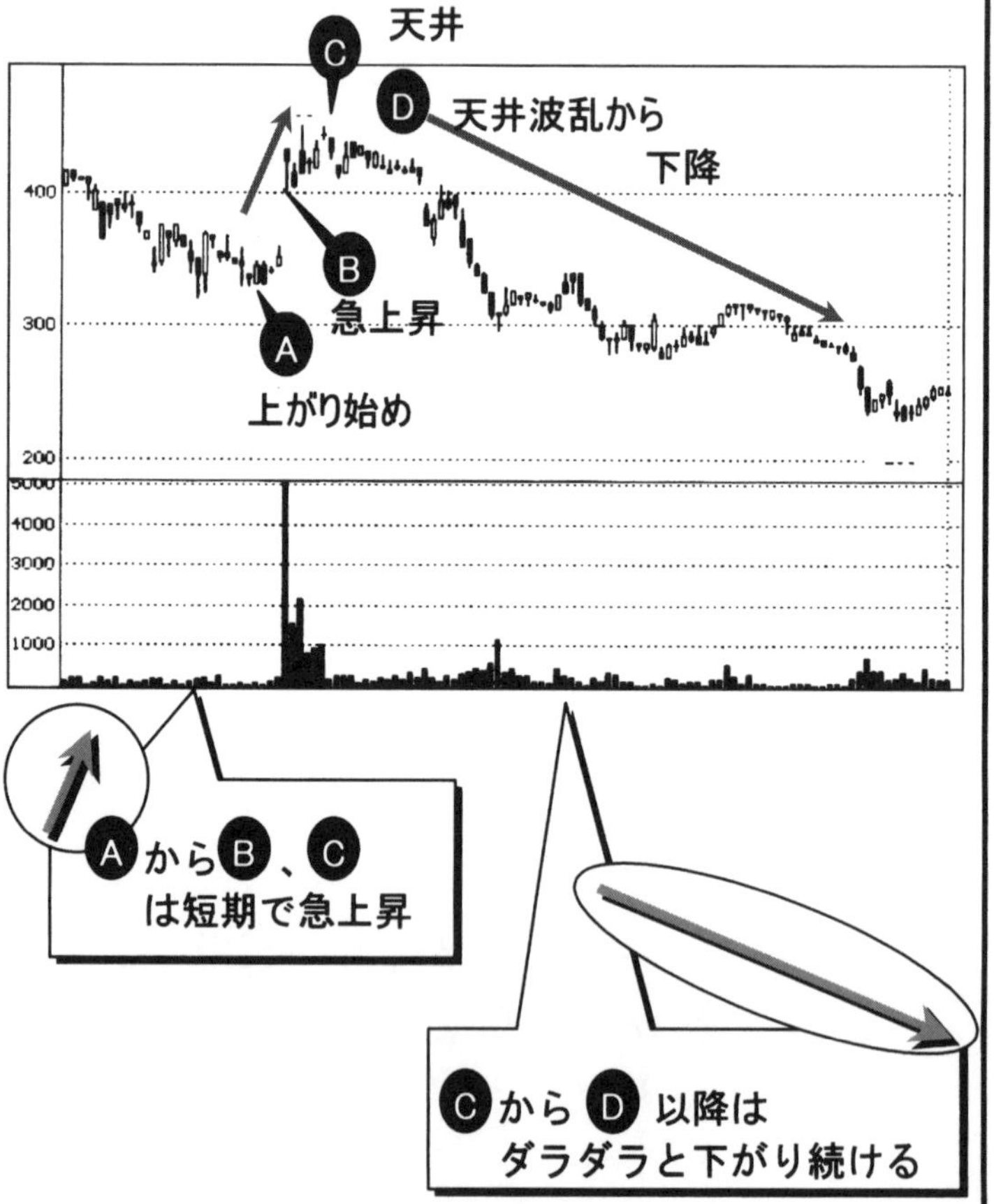

業績優良株には手を出すな

すでに「カラ売り」を実践している方でも、単に株価が高くなったものを売ればいいと考えている人が余りに多いことに驚きます。

確かに「カラ売り」は株価が高くなっているものを売り建てるのですが、その条件は高くなりすぎて、もうそれ以上株価が上昇できなくなった兆候がはっきりした銘柄を対象にしなければなりません。長く株式投資をやってこられた方はご存知と思いますが、株価の上昇は幾つものパターンがあり、その中にほとんど調整らしい調整をせずに、なだらかな山の裾野のようにダラダラとほぼ一直線に上昇していく銘柄があります。こうした株をカラ売りすると大変です。「カラ売り」は6カ月が最長期限ですから、このケースは完敗となってしまいます。調整がほとんどないまま上昇する銘柄の多くは好業績株で機関投資家や外人買いに好まれるものに多く見られ、長期に渡って事あるたびに買われ、よほどのことがない限りまとまった売り物が出ることはありません。

そしてもっとも気をつけるべきは長期の上昇相場においては、このパターンが多発する可能性があることです。バブル崩壊から10年間、１９９８年の10月までは長期の下降相場でしたから、このパターンは一部の国際優良株といわれるハイテクや自動車にしか見られませんでした。しかし長期下降相場が終わり、１９９９年からはじまった大金融相場においては長期上昇相場の入口に立ったと考えるべきで、上昇し続ける株が多発する恐れがあり、カラ売り派は充分に気をつける必要があります。

その代表的なものに日電硝子やスタンレーがあります(図表8参照)。こうした株を売り建てて、ずいぶんかつぎあげられたケースが多発しています。ご用心下さい。

「カラ売り」はあくまでも買いの過剰が発生し、その買われすぎが修正、つまりもう株価が上がらないと失望して売られるときの株価の下落を利益にするということを、ここではっきりと覚えて下さい。

図表８　カラ売りには大敵!!
なだらかで大きな押し目のない上昇

5214　日電硝子

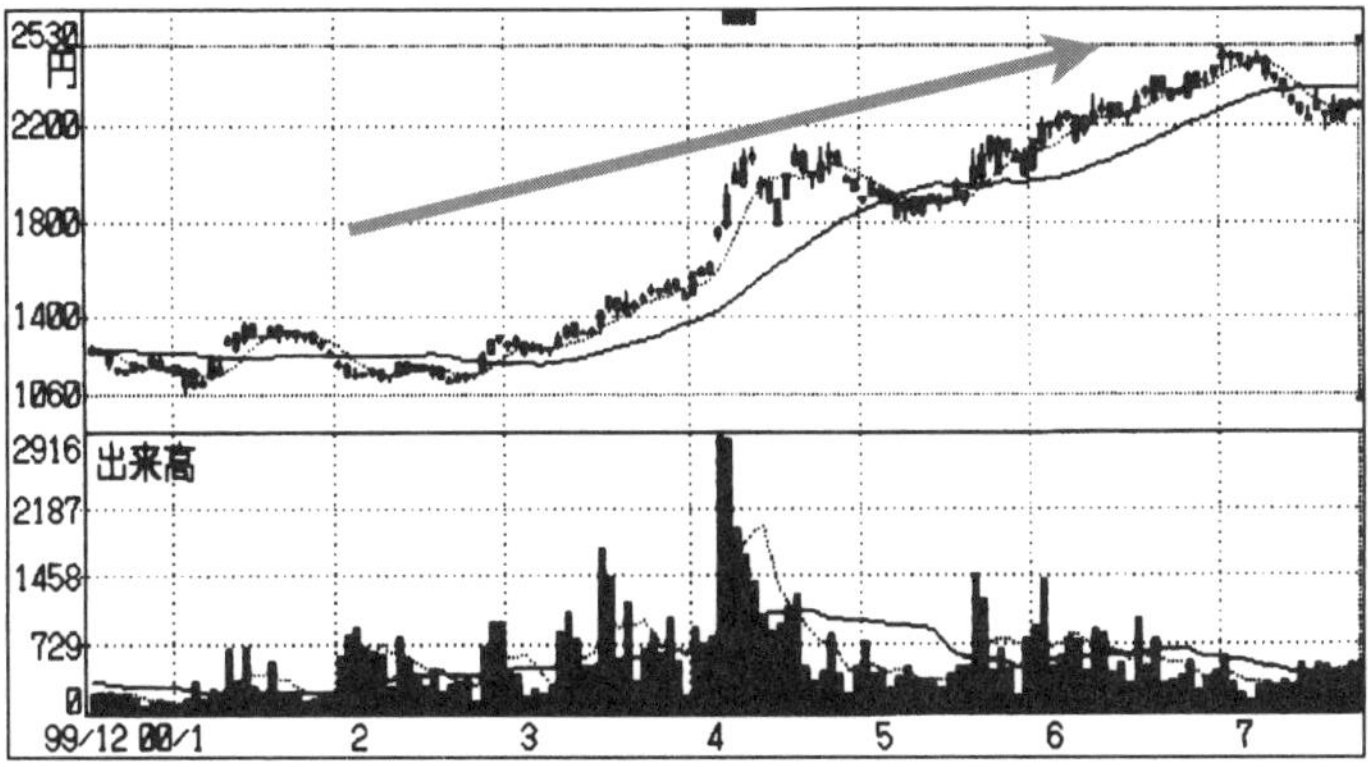

6923　スタンレー

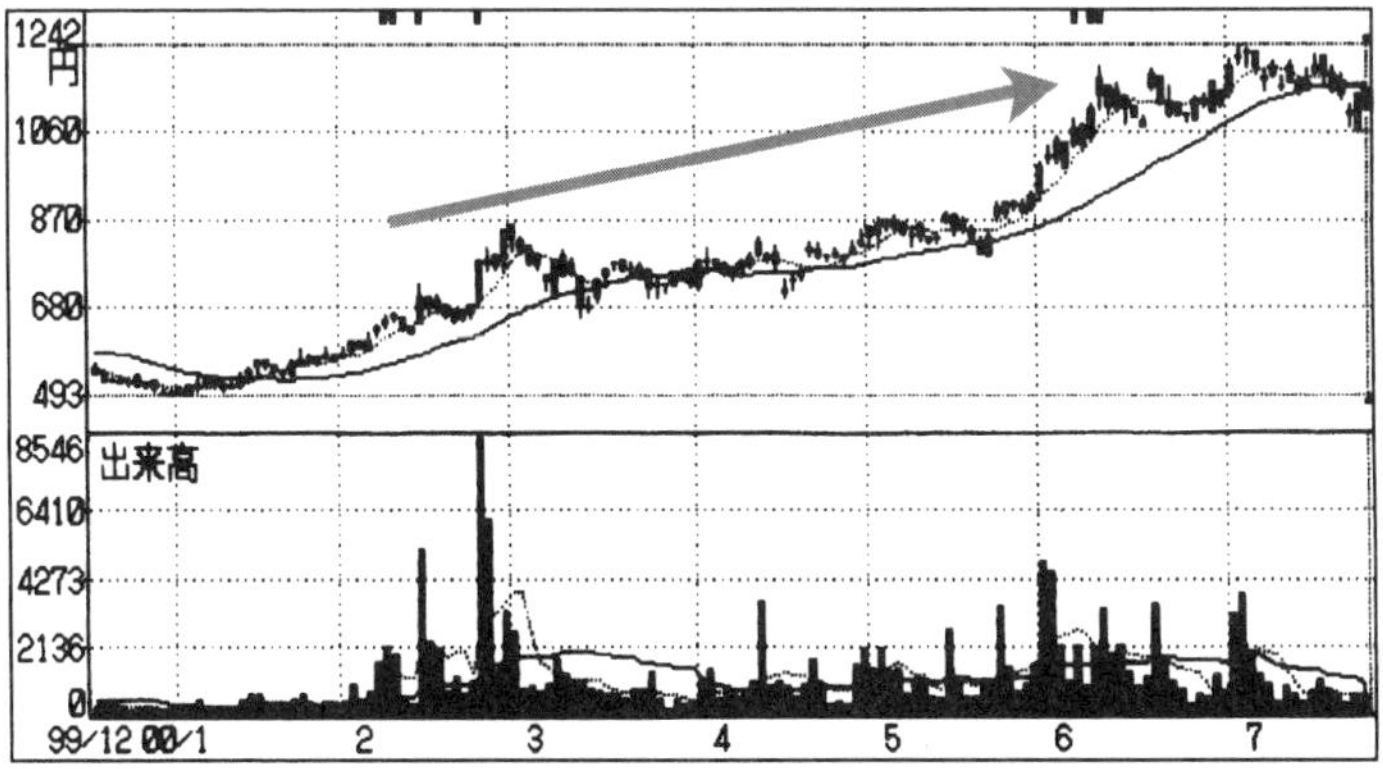

悪材料の追撃ウリはタブー

エニックス利益大幅下方修正

２０００年1月27日の朝刊に家庭用ゲームソフト大手のエニックスについて、大幅な利益予想下方修正の記事が出ていました。売上高が３７０億円から１８９億円へと半減、経常益は１５１億円から４１億円へと72％もの大幅減収減益とのこと。理由はソニープレイステーション用のゲームソフト「ドラクエⅦ」の発売が2月から5月へと延期されたためとしています（図表９参照）。

このニュースを見た会員の方から次のようなご質問がありました。

エニックスを５００株、昨年10月に信用で買って持っています。ついては証券会社に相談したところ、「すぐ処分してドテン、カラ売りをやりましょう」といわれました。どうしたらよいでしょうか。

それに対して私は次のように答えました。

図表9　エニックスの場合

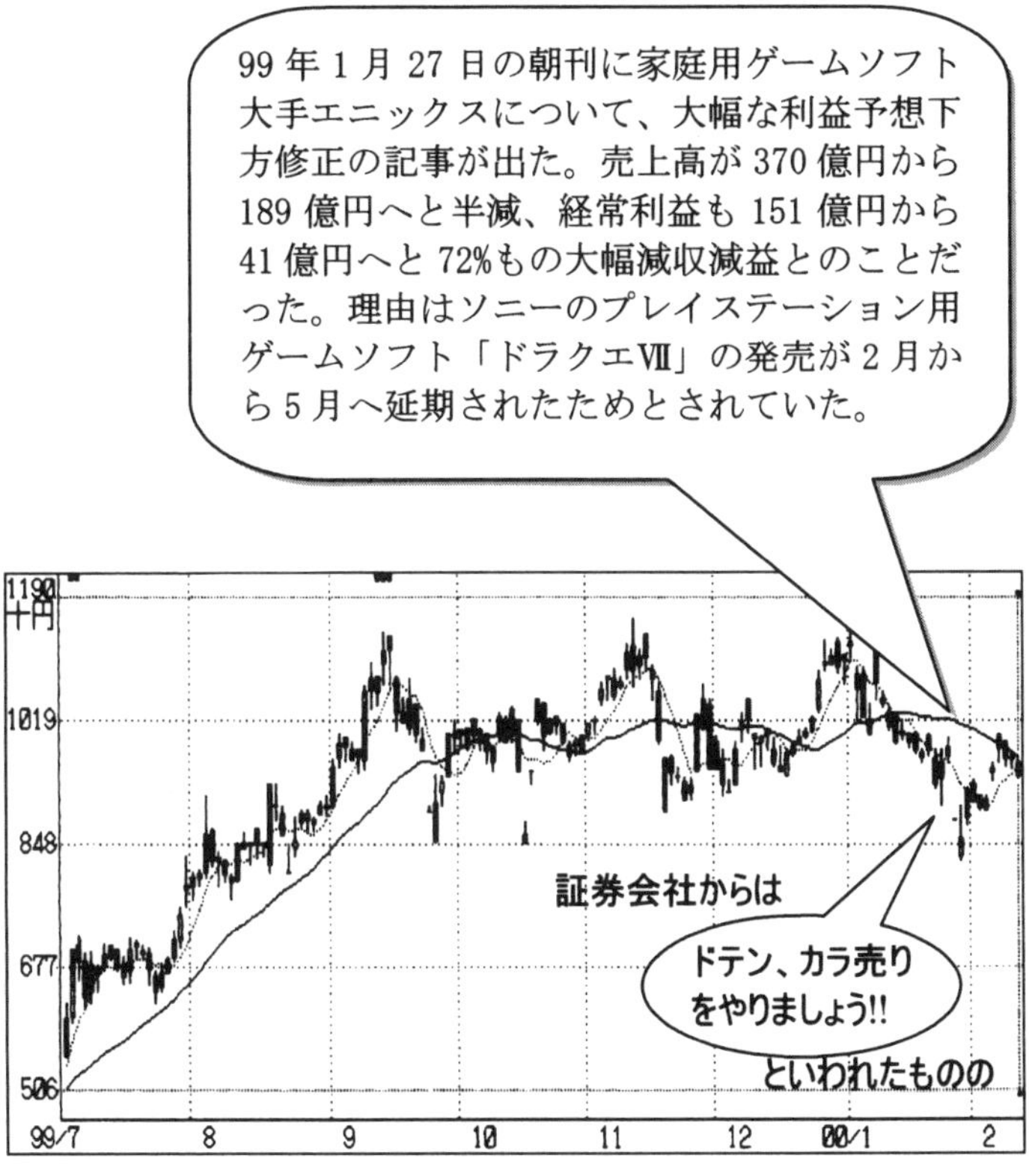
99年1月27日の朝刊に家庭用ゲームソフト大手エニックスについて、大幅な利益予想下方修正の記事が出た。売上高が370億円から189億円へと半減、経常利益も151億円から41億円へと72%もの大幅減収減益とのことだった。理由はソニーのプレイステーション用ゲームソフト「ドラクエⅦ」の発売が2月から5月へ延期されたためとされていた。
1190
十円
1019
848
677
506
99/7
8
9
10
11
12
00/1
2
証券会社からは
ドテン、カラ売りをやりましょう!!
といわれたものの

①「ニュースが出たら終わり」というのが株式投資の基本的な考え方であり、ロスカットの適用基準に基づいて売るならばＯＫですが、このニュースで売買を決定することは定石に反しています。またこのようなケースでは悪材料出尽くしということも多いものです。

②ここでカラ売りを仕掛けることは最悪のスタンスで、いわゆる「悪材料に基づく安値追撃売り」のパターンとなります。これは一番危険な出動です。戦略的にいえばここはカラ売りではなく、逆バリ買い出動のほうが理に適っているといえます。もちろん買いを勧めているわけではないのですが……。

③もう一つ基本的に信用取引に対する考え方を改めるべきです。信用取引の買いは最長6カ月ですが、借金をして金利を払うものですから、せいぜい1～2カ月が実際のところの限度です。思惑通りに動かなかった場合は、直ちに撤退すべきであり、ロスカットせずにだらだらと限度一杯持ちつづける信用買いはタブーです。

以上の回答をしました。

ちなみに当日のエニックスは寄りつきからウリ気配で、前日の９８１０円からストップ安の８８１０円の比例配分で終わりました。そして翌28日も朝、ウリ気配で始まりましたが。引けは８５４０円、そして31日には９２２０円と大きく戻しています。

雪印乳業の食中毒事件

２０００年6月30日（２２６２）雪印乳業にとんでもない事件が発生しました。第一波は大阪で加工乳による小さな食中毒事件の発生です。雪印乳業の株価は5月1日の安値４１１円から急上昇し高値６１９円をつけた後、事件前日の6月29日には６０４円で引けていました。とりあえず事件発生の直後、株価は急落７８円安と５２６円まで下げましたが、終値は５７０円まで戻し結局３４安で株価的にはショックを吸収した形で終わっています。ところが事件はこれで終わるどころか食中毒はさらに近畿一帯にひろがりをみせ被害者は１０００人を超えるほどの数で翌日はウリ気配ではじまりストップ安の４７０円で寄りつき終値は５１１円となっています。この時点で第一波の「カラ売り」は４１円もやられていたのです。

この間、私のところにも雪印乳業を「カラ売り」したい旨の相談がかなりありました。私はこうしたときの「カラ売り」はショック安の追撃ウリとなり、失敗するケースが多いのでやめた方がよいと答えたのでした。

ところが私の意見とは反対に、その後、事件は思わぬ方向へ進展することになります。経営サイドの無責任かつお粗末な対応、会社ぐるみの隠蔽工作、食品製造の根幹に関わる不衛生な管理が明かになるにつれ、いったんおさまっていた株価は7月6日から第二波のカラ売りをまじえて再び急落し、7月12日には株価は371円まで売られました。結果的には第一波の「カラ売り」は勝利をおさめることになりました。この間「カラ売り」のデータの推移をみると6月30日は166万株だったのが375円の安値をつけた7月7日にはなんと2100万株へと激増しています。

図表10のVチャートをみてわかるように出来高が急増してヨコ長四角ができているのは7月6日からです。つまり第二波の「カラ売り」が激増したのは7月6日からであり、その売り値は高値430円以下というのがよくわかります。

それから「カラ売り」と「買い」のぶつかりあいで7月17日までの出来高合計は7日間で9300万株とおどろくべき出来高増加になっています。それまでは大きくても1日200万株程度だったこの株に下値の380円どころに巨大な岩盤のような出来高の壁ができているようにみえます。(再びVチャート図参照)

追撃ウリのこわさは7月25日に明確になりました。この日の株価は前日比+39円となり453円で引けています。この時点で7月6日以降の追撃の「カラ売り」はマイナスになったわけで、翌日の前場は470円となり、事件発生2日目の最安値までもどしているのです。

図表10　雪印乳業に見る“追撃ウリの愚”

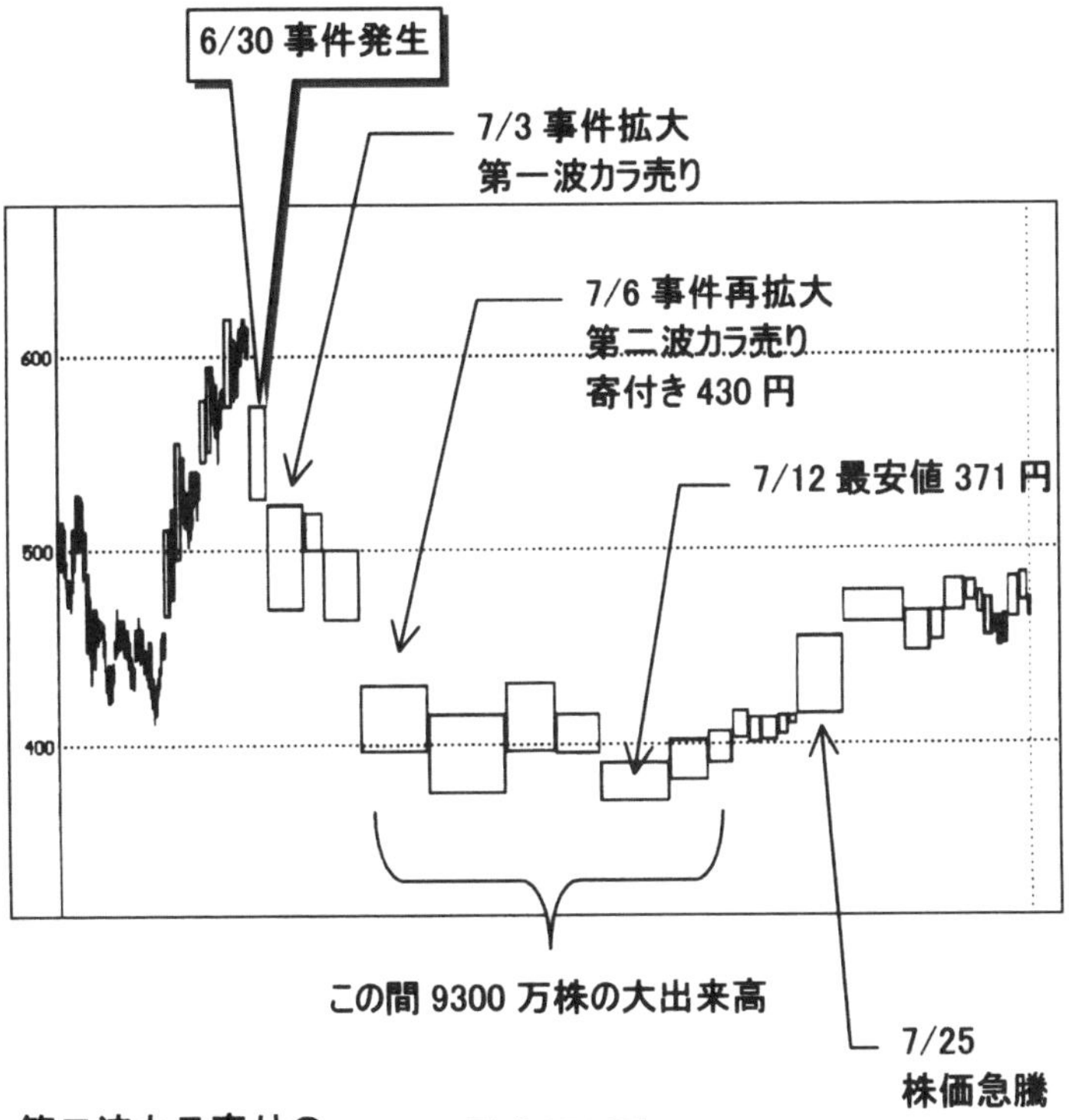

$$\text{第二波カラ売りの平均売り建て値} = \frac{430\text{円} + 371\text{円}}{2} = 400\text{円}$$

前述の事件発生後のプロセスから「カラ売り」の平均値はおそらく400円前後と思われるのでこの時点で▲20％近くになったことになります。

本書で繰り返し述べているように「カラ売り」はあくまでも「天井圏」における買い過ぎ、それもとくに信用買いの過剰をターゲットにするものであり、この雪印事件のようないわゆるショック安などを売り建てるのは全くの間違いなのです。

企業の蓄積とは大きいもので、この程度の事件はそのほとんどが一過性のマイナスにすぎず、かえってこれで企業内部が変革され、前より進んで消費者指向の良質な企業になるものです。もともと財務体質のしっかりした企業ですので、安くなった株価をみて外人買いがかなり入ったようです。こうして追撃ウリは再び大きくやられることになりましたが、こうした追撃ウリの多くは、マスコミとくに新聞やTVのヒステリックな報道に影響を受けることに特徴があります。TVの報道などを聞いていると操業停止となった雪印乳業はひょっとするともうダメになるのではないか、消費者はもう買わないといっているし、倒産まで視野に入ってくるのです。

それはすなわち私たちの頭の中に極論にファンダメンタルズが悪化した雪印乳業の株価がさらに叩き売られるという連想イメージをつくり上げてしまうのです。「カラ売り」だけでなく「買い」においてもおきることですので充分ご注意下さい。

「カラ売り」教にはならないように

「カラ売り」をしている方の中に株式投資は「買い」はダメで、「カラ売り」しかやらないと考える人も多くいます。これまで証券会社の営業などからさんざん買わされてはやられを繰り返しているうちに、「買い」のむずかしさを知り、逆にこんなに買いがダメなら「カラ売り」しかないと、「カラ売り」派に転向した方々です。

このケースは自分が買いで失敗しているのだから、「カラ売り」なら上手くいくはずだという論理で成り立っており、大筋は正しい面もあるのですが、キチンとした「カラ売り」に対する戦略はお持ちになっていません。そうした投資家の中にはさらに進んでカラ売り専門となり、何が何でも「カラ売り」しようと材料株・仕手株問わずに株価が上がったものは徹底して売りあがる方がいます。こうなると「カラ売り」教みたいなもので、なにか怨念でもあるかのように、どんな時でもこれでもかこれでもかと「カラ売り」道をまっしぐらに進むようになります。

たしかにバブル崩壊以後10年間は「カラ売り」がほとんど勝ち、買いは全滅状態でした。

しかし平成11年からは、バブル崩壊の清算は株式市場においては終了し、長期上昇相場の入口にさしかかっている可能性が高く、徹底した「カラ売り」の売り上がりは大損失を被る可能性があります。株式投資においては「買い」も「カラ売り」も含めて、相場と仲良く相場の流れに逆らわない態度が大切です。

上昇相場の中で徹底した「カラ売り」で踏み上げられ、追い証の連続で家屋敷財産を没収されたりされかかった方も知っています。「カラ売り」のやられは大勢の買い方を相手にするので、ワッセワッセと神輿に押しつぶされるようなもので、精神的にも大変苦しい状態になります。もちろんそんなことは滅多にないのですが、相場のこわさは1回の大損失ですべてを失うことにあります。「いつも謙虚に」が相場の世界で生き残る秘訣です。

「カラ売り」のまとめ

いかがでしたか。本書「カラ売り」の実践編は。内容についてはかなり実践に即して書いたので厳しい面も強調してあります。とにかく「カラ売り」は年間を通せば圧倒的に有利なのですが、ある時期や特定の銘柄にこだわると大きく踏み上げられたりもします。あまり楽観的な内容にすると慣れない方にはかえって悪い影響を与えるのではと考え、かなり慎重さを求めるよう書いたつもりです。

買いばかりの株式投資は買える時期が限定されるので待ちきれずについつい眼に触れるものを買ってやられることが多くなります。また、あまり休んでいると相場観が狂い最高の買いのチャンスとなる大底の判断もできません。その意味で「カラ売り」の実践をお役立ていただきたいのです。

最後になりますが本書及び「カラ売り入門」において様々な言い方でお伝えしたかったことをさらに要約していくと２つの結論に到達します。

第１は株式投資は銘柄ではない。
第２は投資の正否は自己の中にある

ということです。

第１は〝銘柄主義〟から脱しない限り株式投資の上達は望めないということです。株式投資の基本は銘柄を探すことより銘柄を１つどのように買うか、または売るかにあります。証券界はいつも何らかの買う理由を私たちに押しつけて買わせようとします。

よく考えて下さい。東証なり大証に上場している会社はみんな立派でよい会社であり、その評価は今日の株価に織り込まれていて、評価の高いもの安いもの、すべての銘柄は今日の時点で同一線上に並んでいるわけです。つまり今日を軸に考えれば明日以降のどの銘柄が飛び出してくるかを探すのが株式投資というものです。

私たちは誤った銘柄主義に冒されていて適当な理由づけをもとに株を買っていますが、それがいかに嘘でありアテにならないかは私たちの株式投資の戦績が明らかにしてくれます。

つまり銘柄を中心にものをみてはいけないのです。その銘柄が今、上へ行こうとしているのか下へ向かおうとしているのか、その銘柄を買うことがリスクに見合うだけの大きな利益を得る可能性があるかを判断することが株式投資というものでなければなりません。株価と銘柄（＝企業）とは別です。銘柄を信じてもときに株価は下がり続けます。その時は買ったときの理由などどこかへ吹っ飛んでしまうものです。単なる銘柄から離れ、時間と位置と方向とリスクの中で銘柄を眺めるときにはじめて相場と闘かえるようになるのです。その意味で「カラ売り」は銘柄から離れるためには実に有効な役割を果たします。

第2にどんなに良い相場に出会っても手にする利益は人によって異なります。相場とは多勢の投資家の心理の集合といわれているように、ひとつひとつの心理の集まりによって上へいったり下へいったりしています。

相場は、いろいろな値段のつく場という意味であり、そこでつくすべての値段は買い手と売り手の合意した正しい株価なのです。つまり、どこで買いどこで売るかは人によって異なるのであり、せっかくのチャンスを10％や20％の利益で利喰ったり、早く止めればよいのに損を放置し、そのうちきっとと思っている間に損失が拡大するといったように、自分の心のおもむくままにする株式投資では大きく儲けることはできません。それどころか損ばかりするようになります。

どんな上手なプロでも勝ち続けることなど不可能なのが相場の世界です。大切なのは負けを小さく勝ちを大きくするための基準とルールを自分の中につくることです。それは自分でしかできないことであり、それを実行できる人だけが相場の世界に勝ち残るのです。

99回勝っても1回の大負けですべてを失うのが相場です。本書の中で10％ロスカットや資金管理について多くの時間とページをさいてくどくど申し上げましたのは、まさにこの点なのです。私は毎日投資家の方々に電話やＦＡＸで助言アドバイスする仕事をしていますが、1度で聞きわける人などはまだいません。しかし、2回3回と重なるうちにいつの間にか相談してくる内容のレベルがどんどん上がってくるとき大きな喜びを感じています。

それではみなさんのご健闘をお祈りいたして終わりといたします。

三木　彰（みき　あきら）

1945年、東京生まれ。慶応義塾大学経済学部卒業。
1994年、投資技術コンサルタントとしての投資顧問を目指し、ライジングサン・アセット・マネジメント株式会社を設立現在、代表取締役。
テクニカル分析に基づく相場のトレンドを軸とした株式・オプション買いの売買を提唱。
主な著書：『日経225オプション買い』の実践（同友館）
『最強のオプション戦略』（同友館）
『カラ売り入門』（同友館）
『儲かる銘柄、ケガする銘柄』（同友館）
『カラ売りと信用取引』（同友館）
『株のトレーディング教室』（同友館）他多数。
現住所：〒102-0084
東京都千代田区二番町11-9-303
ライジングサン・アセット・マネジメント株式会社
TEL　03(3264)7531
FAX　03(3264)7533
http://www2.u-netsurf.ne.jp/~risingsn

2000年10月15日　第1刷発行
2009年1月25日　第15刷発行

「カラ売り」の実践

著　者　©三　木　　彰
発行者　脇　坂　康　弘

発行所　株式会社　同　友　館
東京都文京区本郷6—16—2
郵便番号113-0033
TEL　03（3813）3966
FAX　03（3818）2774
http://www.doyukan.co.jp/

落丁・乱丁本はお取替え致します。印刷・中央印刷　製本／松村製本所
ISBN 978-4-496-03062-8　Printed in Japan